DIE SOGENANNTEN

ZWISCHENDEPUTATIONEN

DES § 114

DER SÄCHSISCHEN VERFASSUNGSURKUNDE

VON

DR. IUR. CARL SCHAAF

LEIPZIG
VERLAG VON VEIT & COMP.
1904

Leipziger juristische Inauguraldissertation.

Druck von Metzger & Wittig in Leipzig.

Inhalt.

Abkürzungen.

V.U. = Verfassungsurkunde für das Königreich Sachsen.
L.O. = Landtagsordnung vom 12. Oktober 1874.
L.O. I. = Landtagsordnung vom 8. Oktober 1857.
prov. L.O. = provisorische Landtagsordnung vom 27. Januar 1833.
Gesch.O. I. K. = Geschäftsordnung der ersten Kammer vom 16. Oktober 1875.
Gesch.O. II. K. = Geschäftsordnung der zweiten Kammer vom 13. Oktober 1874.
L.A. = Landtagsakten.
M. I. K., M. II. K. = Mitteilungen der ersten (zweiten) Kammer.

Die übrigen Abkürzungen bedürfen, da allgemein üblich, keiner Erklärung.

§ 1.

Einleitung.

Die „ständischen Deputationen außer der Zeit des Landtags“, kurz sog. Zwischendeputationen des § 114 der sächsischen Verfassungsurkunde stellen sich als eine Einrichtung dar, zu der sich in keiner der deutschen Verfassungen ein Gegenstück bietet.[1] Demgemäß konnte dieses Institut in den Darstellungen des deutschen Landesstaatsrechts nur nebenher Erwähnung finden, wie es, bei dem Mangel an einer durchgreifenden Bearbeitung des sächsischen Staatsrechts, auch sonst nur wenig Berücksichtigung gefunden hat.

Erscheint deshalb vom allgemeinen staatsrechtlichen Standpunkt aus eine Betrachtung dieser Einrichtung, ihres Wesens und rechtlichen Charakters, als nicht unangebracht, so gewinnt eine solche speziell für das sächsische Staatsrecht noch mehr dadurch an Bedeutung, daß eine Gegenüberstellung des § 114 V.U. mit den zu seiner Ausführung gegebenen Vorschriften der Landtagsordnung[2] eine Reihe nicht unerheblicher, bisher un-

---

[1] Vgl. aber das Gesetz vom 1. Febr. 1879 für Schwarzburg-Sondershausen, einen Nachtrag zur Geschäftsordnung des Landtags betreffend (Gesetzsammlung für Schwarzburg-Sondershausen 1879 S. 3).

[2] L.O. §§ 34 Abs. 2, 3; 35; 38 Abs. 8. In der Zeit vor der Schaffung der jetzigen Landtagsordnung enthielten, wie hier gleich erwähnt sein mag, die Ausführungsbestimmungen die prov. L.O. (vgl. L.A. 1833/34 I. Abt. 1. Bd. S. 233 ff.) in § 122, die L.O. I (vgl. Gesetz- und Verordnungsblatt 1857 S. 175 ff.) in den §§ 148—157. Wichtig ferner das Dekret vom 11. Oktober 1834 (L.A. 1833/34 I. Abt. 4. Bd. S. 216 ff.), welches die Bestimmungen der prov. L.O. betr. der Zwischendeputationen wesentlich modifizierte und auf das bei der Einsetzung von Zwischendeputationen regelmäßig Bezug genommen wurde. Dazu die ständische Schrift vom 28. Oktober 1834 (L.A. 1833/34 I. Abt. 4. Bd. S. 478 f.). Vgl. auch unten S. 12 f.

beachtet gebliebener Widersprüche zwischen Verfassungsurkunde und Landtagsordnung offenbart. Dies muß deshalb besonderer Beachtung wert erscheinen, weil Sachsen zu denjenigen Staaten gehört, in denen die Landtagsordnung nicht nur auf autonomischen Festsetzungen der Ständeversammlung beruht, sondern den Charakter eines Gesetzes hat, also nur unter Zustimmung aller gesetzgebenden Organe abgeändert werden kann.[1]

Des weiteren scheint es nicht unangebracht zu sein, das Institut der sog. „Zwischendeputationen" zugleich unter dem Gesichtspunkte seines praktischen Wertes einer Betrachtung zu unterziehen, zumal diese Frage vor kurzer Zeit — wie auch schon früher zu verschiedenen Malen — in ständischen Kreisen in Diskussion stand. Denn bei den Beratungen in der Ständeversammlung, die anläßlich eines der letzten Anwendungsfälle des § 114 V.U. der Beschlußfassung vorausgingen[2], wurde von verschiedenen Seiten darauf hingewiesen, daß gewissen ständischen Kreisen ein Vorurteil gegen die Ernennung von Zwischendeputationen innezuwohnen scheine. „Ein solches Vorurteil müsse um so ungerechtfertigter genannt werden, als wirkliche Gründe, die es rechtfertigen könnten, nicht vorhanden seien." Gegenteiligen Behauptungen gegenüber wurde betont, daß die gemachten Erfahrungen durchaus gute seien, so daß bei Einsetzung von Zwischendeputationen sich nur günstige Resultate erwarten ließen.

Ob die Behauptung betr. des gegen die Ernennung von Zwischendeputationen in ständischen Kreisen bestehenden Vorurteils auf positiven Tatsachen beruht, ist hier nicht zu untersuchen. Jedenfalls ist aber aus dem eben geschilderten Vorfalle zu ersehen, daß auch in ständischen Kreisen diese Einrichtung und ihre praktische Bedeutung nicht unbestritten ist. Es liegt also auch im Interesse des ständischen Lebens unseres engeren Vaterlandes, wenn das Institut der Zwischendeputationen einer einigermaßen eingehenden Betrachtung unterzogen wird, und zwar einer Betrachtung nicht nur unter dem rein juristischen, sondern auch unter dem Gesichtspunkte seiner Zweckmäßigkeit und seines praktischen Wertes.

[1] gemäß § 137 V.U. Vgl. L.A. 1831 Bd. 4 S. 1794, 2253.

[2] Landtag 1899/00. Vgl. M. I. K. S. 790 ff. M. II. K. S. 1833 ff.

Die folgenden Ausführungen werden demgemäß zum Teil den rein juristischen Boden verlassen. Dies soll auch in der Beziehung geschehen, daß bei der Betrachtung der Zwischendeputationen nicht lediglich die einschlagenden Gesetzesbestimmungen herangezogen werden sollen, sondern auch die Praxis zur Darstellung gelangen soll, die sich betr. dieses Instituts in den seit Bestehen der Verfassungsurkunde vorgekommenen Anwendungsfällen herausgebildet hat.

§ 2.
Zur Geschichte des § 114 V.U.

Die Befugnisse, die gemäß § 114 V.U. den Zwischendeputationen von der Ständeversammlung übertragen werden können, stellen sich augenscheinlich dar als ein kleiner Ausschnitt aus der durch die alte landständische Verfassung Sachsens wie auch durch die Verfassungsurkunden von Württemberg und Baden — die bei der Anfertigung der sächsischen Verfassungsentwürfe hauptsächlich als Vorbilder dienten — den sog. „ständischen Ausschüssen" verliehenen Kompetenz.[1]

Die beiden ersten, dem Geheimen Rate durch Reskript vom 8. Januar 1831 vorgelegten Verfassungsentwürfe enthielten noch „ständische Ansschüsse" mit umfassenden Befugnissen. Der Entwurf des Geheimen Rats v. CARLOWITZ sah[2], den Bestimmungen der Württembergischen Verfassungsurkunde[3] folgend, die Einrichtung eines ständischen Ausschusses vor, der vor der Vertagung, Verabschiedung und Auflösung eines jeden Landtages zu wählen war und während der Zeit bis zum Wiederzusammentritt der Ständeversammlung eine Stellvertretung der Stände mit

[1] Betr. des Instituts der „ständischen Ausschüsse" in der sächsischen landständischen Verfassung vgl. v. RÖMER, Staatsrecht und Statistik des Churfürstenthums Sachsen Bd. II S. 622 ff.; WEISSE, Lehrbuch des Königl. Sächsischen Staatsrechts Bd. I S. 108 ff.; v. WITZLEBEN, Die Entstehung der konstitutionellen Verfassung des Königsreichs Sachsen S. 45 ff. — Betr. der ständischen Ausschüsse im allgemeinen vgl. unten S. 54 f.

[2] Entwurf CARLOWITZ § 139.

[3] §§ 187—192.

der Wirkung ununterbrochener ständischer Repräsentation darstellte. Seine Aufgabe war: „über die Vollziehung der Landtagsabschiede zu wachen und dabei in der verfassungsgemäßen Weise tätig zu sein, auch sonst das ständische Interesse wahrzunehmen, sowie die ihm nach der jedesmal zu erteilenden Instruktion weiter obliegenden Geschäfte im Namen der Stände zu verrichten."

Dagegen war der repräsentative Charakter nicht so stark betont bei dem durch den Entwurf des Geheimen Rats v. LINDENAU vorgesehenen ständischen Ausschusse.[1] Dieser durfte sich nur auf landesherrliche Veranlassung versammeln, und seine Befugnisse waren, in Nachbildung der Bestimmungen der Verfassungsurkunde Badens[2], viel beschränktere. Dadurch hat dieser Ausschuß einen dem jetzigen Institut der Zwischendeputationen schon mehr ähnelnden Charakter. Kommt es aber zur Einsetzung von Zwischendeputationen nur in Ausnahmefällen, so war dieser Ausschuß, wenn auch nicht bei der Auflösung, so doch regelmäßig am Schluß eines jeden Landtags, sowie bei jeder Vertagung zu wählen.[3]

Nun herrschte aber gegen dieses Institut der ständischen Ausschüsse, das sich unter dem Bestehen der landständischen Verfassung gründlich diskreditiert hatte[4], ein starkes Vorurteil, weshalb auch der „Geheime Rat" bei seinen Beratungen über diese beiden Verfassungsentwürfe sich gegen eine Übernahme dieses Instituts in die neue Verfassung aussprach.[5] Demgemäß war in dem, den Ständen durch Reskript vom 1. März 1831 vorgelegten, offiziellen Verfassungsentwurf ein solcher „ständischer Ausschuß" nicht vorgesehen. Allerdings sprach auch dieser Entwurf in § 122[6] von einem „ständischen Ausschuß". Letzterer beruhte aber auf ganz anderen Gedanken als die ständischen Ausschüsse der ersten Verfassungsentwürfe und hatte mit diesen nur den Namen gemeinsam. Die Einrichtung dieses „ständischen Ausschusses" basierte nicht auf dem Gedanken, daß dadurch eine ununterbrochene ständische Repräsentation geschaffen werden

---

[1] §§ 47—50. [2] Baden § 51.

[3] Entwurf LINDENAU § 47. [4] Vgl. unten S. 5 Anm. 2.

[5] v. WITZLEBEN a. a. O. S. 191.

[6] als § 107 in die V.U. übergegangen.

sollte. Ihm sollte vielmehr lediglich die Verwaltung der Staatsschuldenkasse obliegen, und zwar knüpfte diese Bestimmung an die schon länger bewährte Einrichtung der durch ständische Deputierte geleiteten Steuerkreditkasse an.[1]

Dagegen gab aber § 128 Abs. 3 des Regierungsentwurfes der Ständeversammlung das Recht der Ernennung von „Deputationen außer der Zeit des Landtags", unter denselben Voraussetzungen und mit demselben Wirkungskreis wie jetzt von V.U. § 114 bestimmt ist.

Der bei der Abfassung des § 128 Abs. 3 des Entwurfs zugrunde liegende Gedanke war augenscheinlich der, das Institut der ständischen Ausschüsse mit in die neue Verfassung zu übernehmen, in einer Umbildung aber der rechtlichen Stellung und starken Verminderung der Kompetenz, so daß diesem neugebildeten Institute politische Bedenken[2] nicht mehr entgegenstanden, daß andrerseits der Teil der Tätigkeit der ständischen Ausschüsse, aber auch nur dieser, der sich in der Praxis als unbestritten zu wertvollen Ergebnissen führend erwiesen hatte, durch dieses neue Institut in entsprechender Weise ausgeübt werden konnte. Wenn auch das Institut der Zwischendeputationen in Beziehung auf seine Gestalt in den anderen deutschen Verfassungen kein Gegenstück hat, insoweit also eine originale Schöpfung der sächsischen Verfassungsurkunde darstellt, so knüpft es hinsichtlich des zugewiesenen Wirkungskreises zweifellos an die ständischen

---

[1] Weisse a. a. O. S. 310 f. 340 f. Opitz, Das Staatsrecht des Königreichs Sachsen II S. 139. Vgl. auch Landtagsabschied vom 4. September 1831 (Gesetzsammlung 1831 S. 237 ff., bes. S. 239). — Dies wurde übrigens bei den Beratungen des Landtages im Jahre 1831 über den vorgelegten Verfassungsentwurf verkannt. Vgl. v. Witzleben a. a. O. S. 233.

[2] Betr. der Mißstände, die das Institut der ständischen Ausschüsse unter Geltung der landständischen Verfassung gezeitigt hatte, und der prinzipiellen Bedenken gegen die Übernahme dieses Instituts in moderne repräsentative Verfassungen vgl. Gaupp, Das Staatsrecht des Königreichs Württemberg 2. Aufl. S. 113 f. Sarwey, das Staatsrecht des Königreichs Württemberg II S. 232 ff. und die dort Zitierten. v. Mohl, Staatsrecht, Völkerrecht und Politik S. 347 ff. Treffend auch die Ausführungen der Ritterschaft in der ständischen Schrift vom 19. Juli 1831 (v. Witzleben a. a. O. S. 252 ff.).

Ausschüsse an. So gehörte es besonders zu deren Kompetenz, die künftigen Arbeiten der Stände zweckdienlich vorzubereiten. Nach einer Reihe deutscher Verfassungen[1] ist dies noch heute Pflicht der ständischen Ausschüsse. Ebenso gehört es in einer Reihe von deutschen Staaten zu den Befugnissen der ständischen Ausschüsse, „für die Vollziehung der landständischen Beschlüsse Sorge zu tragen."[2]

Daß das Institut der Zwischendeputationen in Anlehnung an die ständischen Ausschüsse geschaffen wurde, ist schon äußerlich daraus ersichtlich, daß die prov. L.O.[3] für die Zwischendeputationen die Form gemeinsamer Deputationen der beiden Kammern vorsah. Diese Bestimmung wurde dann schon anläßlich des ersten Anwendungsfalles des § 114 V.U. als mit den Prinzipien der neuen Verfassung in Widerspruch stehend erkannt und hat, soweit die Ernennung von Zwischendeputationen zur Vorbereitung von Beratungsgegenständen in Betracht kam, praktische Bedeutung nicht gehabt.[4]

Ebenso, wie bei den Verfassungsberatungen in anderen Staaten[5], rief auch bei den Beratungen der sächsischen Stände über den vorgelegten Verfassungsentwurf diese geplante Abschaffung der „ständischen Ausschüsse" bezw. die starke Veränderung ihrer rechtlichen Stellung und die Verminderung ihrer Kompetenz einen lebhaften Streit zwischen den Vertretern der Städte und der Ritterschaft hervor. Es war dies einer der wenigen Punkte, und dabei deren wichtigster, bei denen Einverständnis zwischen Ritterschaft und Städten nicht zu erreichen war. Sämtliche Abgeordnete der drei städtischen Kurien erachteten die Einrichtung eines permanenten ständischen Ausschusses

---

[1] Württemberg § 188 Abs. 3; Braunschweig § 124 Abs. 2; Oldenburg Art. 173 § 1; Sachsen-Altenburg § 251; Sachsen-Coburg-Gotha § 97 Z. 3; Schwarzburg-Rudolstadt § 43 Z. 1; Schwarzburg-Sondershausen § 81. Vgl. dazu aber auch unten S. 45.

[2] so Württemberg § 188 Abs. 3. Vgl. ferner Oldenburg Art. 173 § 1, Sachsen-Altenburg § 249.

[3] prov. LO. § 120 Abs. 2, 3.

[4] Vgl. unten S. 12 f.

[5] Vgl. Gaupp a. a. O. S. 113 f.; Sarwey a. a. O. S. 232; Fricker und Gessler, Geschichte der Verfassung Württembergs. S. 216, 233.

mit weitem Wirkungskreis für unerläßlich.[1] Die Ritterschaft stellte sich dagegen mit überwiegender Stimmenmehrheit auf den entgegengesetzten Standpunkt.[2] Beide Parteien begründeten ausführlich ihren Standpunkt in der die Antwort auf den vorgelegten Verfassungsentwurf enthaltenden ständischen Schrift vom 19. Juli 1831.[3]

Die Regierung stellte sich, in richtiger Erkenntnis, daß dieses auf Grund starker Betonung der privatrechtlichen korporativen Grundlage der früheren Landschaft herausgebildete Institut in eine repräsentative Verfassung nicht passe, auf die Seite der Ritterschaft und gab den von dieser gegen die Rätlichkeit eines ständischen Ausschusses angeführten Gründen „für jetzt um so mehr den Vorzug, als darüber, ob sich künftig das Bedürfnis eines solchen Instituts dartun werde, erst Erfahrungen abzuwarten seien.“[4] Demgemäß blieben die Wünsche der Vertreter der städtischen Kurien unberücksichtigt. Weder für den „ständischen Ausschuß“ des § 122 des Entwurfes wurde eine Kompetenzerweiterung vorgenommen, noch die „Deputationen außer der Zeit des Landtags“ des § 128 Abs. 3 in ein regelmäßiges Organ ständischer Vertretung umgewandelt. Keine der beiden Institutionen erhielt eine solche Gestaltung, daß durch sie eine ununterbrochene ständische Repräsentation ermöglicht worden wäre.[5]

Die Bestimmung des § 128 Abs. 3 des Entwurfes ging dann unter unbedeutenden Änderungen lediglich redaktionellen Charakters in die Verfassungsurkunde über, wo sie sich als § 114 bis heute erhalten hat, nur unwesentlich ergänzt durch die Verfassungsänderung des Jahres 1874.[6]

---

[1] v. Witzleben a. a. O. S. 232. [2] v. Witzleben a. a. O. S. 233.

[3] L.A. 1830 4. Bd. S. 1803 ff. Abgedruckt bei v. Witzleben a. a. O. S. 250 ff.

[4] Dekret vom 10. August 1831. v. Witzleben a. a. O. S. 275.

[5] Vgl. dazu unten S. 55 f.

[6] Verfassungsgesetz vom 12. Oktob. 1874 sub III (Gesetz- und Verordnungsblatt 1874 S. 393). Näheres unten S. 8.

§ 3.

Die Voraussetzungen der Ernennung und die Formen der Zwischendeputationen.

Der Ausdruck „Zwischendeputationen" wird von der Verfassungsurkunde selbst nicht gebraucht. Dagegen verwendet ihn, wie auch schon früher L.O. I, die Landtagsordnung.[1] Die Verfassungsurkunde bezeichnet die Deputationen des § 114 als „ständische Deputationen außer der Zeit des Landtags". Über die Entstehung der Bezeichnung „Zwischendeputationen" bedarf es keiner Ausführungen. Diese ist augenscheinlich gebildet worden auf Grund der Ausdrucksweise des § 114, daß diese ständischen Deputationen „in der Zwischenzeit von einem Landtage zum andern zusammentreten und tätig sein können."

Nach der ursprünglichen Fassung des § 114 V.U. war eine Ernennung von Zwischendeputationen überhaupt nur für die Zwischenzeit von einem Landtage zum andern vorgesehen. Durch die Verfassungsänderung des Jahres 1874[2] wurden dann zwecks Beseitigung entstandener Zweifel[3] hinter diese Bestimmung die Worte „ingleichen während der Vertagung der Ständeversammlung" eingeschaltet, so daß jetzt verfassungsgemäß Zwischendeputationen stets für die Zeit ernannt werden können, in der die Stände selbst in pleno nicht versammelt sind. Allerdings waren auch schon vor der Verfassungsänderung des Jahres 1874, in Widerspruch zwar zu dem Wortlaute des § 114, für die Zeit der Vertagung der Ständeversammlung Zwischendeputationen ernannt worden.[4] Gegen die Zulässigkeit einer solchen Auslegung

---

[1] Ungefähr in der Mitte des vorigen Jahrhunderts taucht die Bezeichnung „Zwischendeputationen" erstmalig in den ständischen Schriften auf. Vorher wurde von „außerordentlichen" Deputationen gesprochen, wodurch sich wohl die teilweise Lückenhaftigkeit der Angaben betr. der Zwischendeputationen in den zu den Landtagsakten angefertigten Generalregistern erklärt.

[2] oben S. 7 Anm. 6.

[3] Vgl. L.A. 1871/73 I. Abt. 3. Bd. S. 524 f.

[4] Vgl. L.A. 1866/68 I. Abt. 2. Bd. S. 343. 395. S. die Zusammenstellung unten S. 38 ff.

des § 114 hatten sich aber verschiedenfach Stimmen erhoben[1], weshalb dann die Einschaltung in § 114 erfolgte. —

Im Gegensatz zu den ständischen bezw. Landtagsausschüssen anderer Verfassungen und der beiden ersten Verfassungsentwürfe kommt es aber zur Einsetzung von Zwischendeputationen nicht bei jeder Schließung bezw. Vertagung der Ständeversammlung. Während die ständischen Ausschüsse regelmäßig bei jeder Verabschiedung bezw. Vertagung der betr. Volksvertretungen verfassungsgemäß, ohne daß ein besonderer Beschluß bezüglich dieser Einsetzung nötig wäre, eingesetzt werden[2], erfordert die Einsetzung von Zwischendeputationen in jedem einzelnen Falle einen dahingehenden Beschluß der Ständeversammlung und die jedesmal besonders einzuholende Königliche Genehmigung. Und während ferner die ständischen Ausschüsse eingesetzt werden, ohne daß dabei auf einen bestimmten Wirkungskreis Bezug genommen wird, da dieser regelmäßig in den Verfassungen bestimmt ist, besteht eine weitere Voraussetzung der Ernennung von Zwischendeputationen darin, daß jedesmal bestimmte Aufgaben vorliegen, zu deren Erledigung die Ständeversammlung eine solche Ernennung für erforderlich hält. Und zwar können diese Aufgaben nur sein die Vorbereitung von Beratungsgegenständen und die Ausführung von Beschlüssen in ständischen Angelegenheiten, welche die Königliche Sanktion erhalten haben. Für beide Fälle ist es notwendig, daß bei der Beschlußfassung über die Ernennung von Zwischendeputationen innerhalb des Kreises dieser ihnen möglicherweise übertragbaren Aufgaben auf ganz bestimmte Fälle Bezug genommen wird. Denn wenn zwar auch in § 114 nur betreffs der „Beratungsgegenstände“ ausdrücklich verlangt wird, daß sie bestimmt anzuzeigen sind, so ist doch sinngemäß betreffs der event. von Zwischendeputationen zur Ausführung zu bringenden Beschlüsse das Gleiche anzunehmen, indem deren Anzeige zur Begründung des Gesuchs um Königliche Genehmigung des von der Ständeversammlung bezüglich der Ernennung von Zwischendeputationen gefaßten Beschlusses notwendig gehört. Der Kreis der hier in Betracht kommenden Fälle ist auch, wie unten des

[1] Vgl. z. B. L.A. 1871/73 M. II. K. V. S. 2537.

[2] Näheres vgl. unten S. 56.

Näheren auszuführen sein wird, ein so enger, daß ohnehin nur unter Bezugnahme auf ganz bestimmte Fälle die Ernennung von Zwischendeputationen zur Ausführung von Beschlüssen in ständischen Angelegenheiten in Betracht kommen kann.

Diese Vorschrift betr. genauer Festlegung der von den Zwischendeputationen zu erledigenden Aufgaben darf aber auch nicht allzu streng aufgefaßt werden. So hat sich in einzelnen Fällen[1] die Regierung bei der Ernennung von Zwischendeputationen zur Vorbereitung von Beratungsgegenständen das Recht vorbehalten, diesen beliebige weitere Beratungsgegenstände zuzuweisen. Naturgemäß wird es sich in solchen Fällen meist um solche Gegenstände handeln, die mit den den Zwischendeputationen bei der Ernennung bereits überwiesenen in engem inneren Zusammenhang stehen. —

Die Initiative zur Ernennung von Zwischendeputationen kann von der Ständeversammlung wie auch — was nach der Verfassung zweifelhaft, in der Praxis aber vielfach vorgekommen ist — von der Regierung ausgehen.

Ist in einer der Kammern ein dahin gehender Beschluß gefaßt worden, so wird die andere Kammer in üblicher Weise unter Mitteilung eines beglaubigten Protokollauszuges zum Beitritt aufgefordert. (L.O. § 33 Abs. 1). Tritt die andere Kammer dem Beschluß bei, so wird dies durch eine gemeinschaftliche ständische Schrift (V.U. § 132) zur Kenntnis der Regierung gebracht unter gleichzeitigem Nachsuchen um Königliche Genehmigung. Die Entschließung der Regierung wird dann der Ständeversammlung durch Königliches Dekret mitgeteilt und diese im Falle der Genehmigung zur Vornahme der Wahl der Deputationsmitglieder aufgefordert.

Oder aber die Initiative geht von der Regierung aus, die mittels Königlichen Dekrets der Ständeversammlung die Ernennung von Zwischendeputationen für eine bestimmte Aufgabe vorschlägt und zu einer diesbezüglichen Entschließung auffordert. Tritt die Ständeversammlung diesem Vorschlage bei, so kann dann sofort, ohne daß die Ständeversammlung der Regierung erst ihre Ent-

[1] so z. B. bei den auf den Landtagen 1851/52 und 1863/64 ernannten Deputationen. Vgl. die Zusammenstellung S. 38 ff.

schließung mitzuteilen hätte, die Wahl der Deputationsmitglieder vorgenommen werden.

Hier ist noch eine andere Möglichkeit zu erwähnen, wo sich das Verfahren wesentlich vereinfacht. Dies ist dann der Fall, wenn schon früher gewählte Deputationen — ordentliche oder außerordentliche — als Zwischendeputationen eingesetzt werden, d. h. diese durch Beschluß der Ständeversammlung mit Königlicher Genehmigung ermächtigt werden, die schon begonnenen Arbeiten während der Vertagung der Ständeversammlung bezw. während der Zwischenzeit bis zum nächsten Landtage fortzusetzen. Die Praxis hat ein solches Verfahren für zulässig erachtet. Die Richtigkeit einer solchen Auslegung des § 114 V.U. ist allerdings fraglich, worauf unten näher eingegangen werden soll.[1] In einem solchen Falle erlangen die betr. Deputationen in dem Augenblick die Möglichkeit der Weiterexistenz als Zwischendeputationen, wo ständischer Wille und Königliche Genehmigung sich dahingehend vereinigt haben. Ein besonderer Wahlakt hinsichtlich der Zwischendeputationsmitglieder erübrigt sich hier.

Voraussetzung der Ernennung von Zwischendeputationen ist ein Beschluß der Ständeversammlung. Nicht kann eine der Kammern für sich allein eine Zwischendeputation ernennen. Die Verfassungsurkunde hat diesen Fall schon deshalb ausgeschlossen, weil sich der Gesetzgeber die Zwischendeputationen stets als gemeinsame Deputationen der beiden Kammern dachte.[2] Nach der Landtagsordnung können jetzt die Zwischendeputationen gemeinsame Deputationen der beiden Kammern oder auch, und dies ist die regelmäßige Form, gesonderte Deputationen der einzelnen Kammern sein. Und zwar werden sie gemäß L.O. § 34 Abs. 2 „von beiden Kammern gemeinsam gewählt“, d. h. es delegiert jede von diesen aus sich eine bestimmte Anzahl von Mitgliedern, die dann in ihrer Gesamtheit eine einzige Deputation bilden, wenn eine „Ausführung von Beschlüssen in ständischen Angelegenheiten“ in Betracht kommt. Mangels besonderer Vereinbarung wählt hier jede Kammer die Hälfte der die gemeinsame Deputation bildenden Mitglieder. Soll dagegen die Vor-

[1] Vgl. unten S. 49.
[2] oben S. 6.

bereitung bestimmter Beratungsgegenstände durch Zwischendeputationen vorgenommen werden, so bilden die von den einzelnen Kammern delegierten Mitglieder je für sich eine selbständige Deputation, so daß sich hier eine Zwischendeputation der ersten Kammer und eine solche der zweiten Kammer gegenüberstehen.

Diese Unterscheidung, daß die Zwischendeputationen in bestimmter Weise, je nach der ihnen übertragenen Aufgabe, bald gemeinsame, bald gesonderte Deputationen der beiden Kammern sind, besteht erst seit Erlaß der L.O. I. Ursprünglich waren, wie bereits bemerkt, die Zwischendeputationen nur in der Form gemeinsamer Deputationen der beiden Kammern gedacht (prov. L.O. § 120 Abs. 2). Diese Bestimmung der prov. L.O. hat aber, soweit wenigstens die Zwischendeputationen in ihrem Regelfall, als Deputationen zur Vorbereitung von Beratungsgegenständen, in Betracht kommen, niemals praktische Bedeutung gehabt. Schon anläßlich des ersten Anwendungsfalles des § 114 V.U. wurde erkannt, daß durch diese Bestimmung der prov. L.O. ein Ausnahmefall geschaffen wurde, der durchaus unbegründeter Weise das der neugeschaffenen repräsentativen Verfassung zugrunde liegende Zweikammersystem durchbrach. Und zwar war diese Durchbrechung um so bedenklicher, als es sich, wenn Zwischendeputationen eingesetzt werden, regelmäßig um besonders umfangreiche, einer durchgreifenden Beratung bedürftige und wichtige Gegenstände handelt, wobei die Wahrung der dem Zweikammersystem zugrunde liegenden Ideen von besonderer Wichtigkeit ist. Auch setzte sich die prov. L.O. für die weitaus größte Zahl der Fälle durch diese Vorschrift in Widerspruch zu § 123 V.U., wonach alle Königlichen Anträge jede Kammer durch eine besondere Deputation erörtern zu lassen hatte.

Von vornherein waren diese Bedenken für bedeutungsvoll erachtet worden, so daß schon anläßlich des ersten Anwendungsfalles der § 114 V.U., als eine Zwischendeputation zur Vorbereitung eines Beratungsgegenstandes eingesetzt werden sollte, die Regierung den Ständen die Einsetzung gesonderter Deputationen der beiden Kammern vorschlug[1], wie auch noch in

[1] Dekret vom 11. Okt. 1834 (L.A. 1833/34 I. Abt. 4. Bd. S. 216 ff.). Die

anderen Punkten die von der prov. L.O. betr. der Zwischendeputationen getroffenen Bestimmungen schon anläßlich dieses ersten Anwendungsfalles als unzweckmäßige erkannt wurden. Auf das bei dieser Gelegenheit an die Stände gelangte Königliche Dekret, welches eine Reihe von Modifikationen des § 120 prov. L.O. vorsah, wurde dann in der Folgezeit bei der Einsetzung von Zwischendeputationen regelmäßig Bezug genommen, bis dann durch die L.O. I auch formell dieser die Zweiteilung der Stände grundlos durchbrechende Ausnahmefall beseitigt wurde.

Wenn die L.O. allerdings auch jetzt noch in einem Falle für die Zwischendeputationen die Form gemeinsamer Deputationen der beiden Kammern vorschreibt, so läßt sich dieser Ausnahmefall einigermaßen durch praktische Erwägungen rechtfertigen. Denn gemeinsame sind die Zwischendeputationen gemäß L.O. § 34 Abs. 2, wenn es sich um eine Ausführung von Beschlüssen in ständischen Angelegenheiten handelt. Sie sind in diesem Falle deshalb gemeinsame, weil eine solche Ausführung eines ständischen Beschlusses im Interesse ihrer Einheitlichkeit auch eine Einheit des ausführenden Organs für angebracht erscheinen läßt.

Wenn man also hier die Form der gemeinsamen Deputationen der beiden Kammern zwar einigermaßen durch praktische Erwägungen rechtfertigen könnte, so stehen doch andrerseits dem schwerwiegende Bedenken entgegen und lassen es für richtiger erscheinen, daß auch in diesem Falle die Zwischendeputationen in der Form gesonderter Deputationen der beiden Kammern zur Einsetzung gelangeu müßten.

Es ist erst unten des Näheren darüber zu sprechen, an welchen Kreis von Fällen zu denken ist, wenn die V.U. die Einsetzung von Zwischendeputation „zu Ausführung von Beschlüssen in ständischen Angelegenheiten" vorsieht. Die Ausführung solcher Beschlüsse kann, wie sich herausstellen wird, jederzeit, auch wenn die Stände selbst in pleno versammelt sind, in Betracht kommen und wird dann von den Kammern üblicher Weise „außerordent-

Ständeversammlung beantwortete das Dekret zustimmend in der ständischen Schrift vom 28. Okt. 1834 (L.A. 1833/34 I. Abt. 4. Bd. S. 478 ff.). Hierbei ist zu berücksichtigen, daß die prov. L.O. nicht wie L.O. I und L.O. als Gesetz publiziert war (vgl. L.A. 1831 Bd. 4 S. 1794, 2253).

lichen“[1] Deputationen übertragen werden. Weder die L.O. noch die Geschäftsordnungen sehen aber für solche „außerordentliche“ Deputationen die Möglickeit vor, daß sie in der Form gemeinsamer Deputationen der Kammern zur Einsetzung gelangen könnten. Es ist deshalb nicht recht ersichtlich, warum gerade, insoweit die Ausführung von Beschlüssen in ständischen Angelegenheiten in der Zeit in Betracht kommt, wo die Stände selbst in pleno nicht versammelt sind, die zu diesem Zwecken einzusetzenden Deputationen gemeinsame sein müssen.

Von entscheidender Bedeutung ist aber der Umstand, daß in einer solchen gemeinsamen Zwischendeputation, insoweit eine Beschlußfassung innerhalb derselben in Frage kommt, leicht die Vertreter einer der beiden Kammern majorisiert werden können. Denn bei Stimmengleichheit — die gemeinsamen Deputationen werden im Zweifel von jeder Kammer zur Hälfte gewählt — gibt gemäß § 34 Abs. 3 L.O. die Stimme des Deputationsvorsitzenden den Ausschlag.

Es ist deshalb begreiflich, daß, wenn die Ernennung von Zwischendeputationen zur Ausführung von Beschlüssen in ständischen Angelegenheiten in Frage kommt, innerhalb der zu ernennenden Deputation aber wichtige Beschlußfassungen in Aussicht stehen, die Kammern nur ungern eine solche gemeinsame Deputation ernennen werden, da jede von ihnen befürchten muß, innerhalb dieser Deputation majorisiert zu werden.

Die vorstehenden Erwägungen sind auch in der Praxis nicht unberücksichtigt geblieben. Dies zeigt uns die merkwürdige Art, in welcher, der Bestimmung des § 34 Abs. 3 L.O. widersprechend, die Beschlußfassung der auf dem Landtage 1895/96 ernannten Deputation[2] geregelt wurde. Die Ernennung dieser gemeinsamen Zwischendeputation wurde davon abhängig gemacht, daß ein Einverständnis innerhalb der Deputation als nicht zustande gekommen gelten solle, wenn die Mehrheit aus einer der beiden Kammern gewählten Deputationsmitglieder Widerspruch erbeben würde. Der ausgesprochene Zweck dieser Bestimmung war, zu

---

[1] Gesch.O. I. K. § 11 Abs. 2. Gesch.O. II. K. § 22 Abs. 2.

[2] Näheres s. die Übersicht S. 38 ff.

verhindern, daß die Vertreter einer der beiden Kammern innerhalb der Deputation majorisiert werden könnten.

Es erscheint auf Grund dieser Erwägungen angebracht, daß die Bestimmung des § 34 Abs. 2 L.O., soweit sie für die Zwischendeputationen die Form gemeinsamer Deputationen vorschreibt, beseitigt würde. Damit würde sich übrigens die ganze Bestimmung des § 34 Abs. 2 L.O. als überflüssig herausstellen, da bei Fehlen besonderer Bestimmungen über die Form der Zwischendeputationen ohne weiteres, auf Grund der grundsätzlichen Zweiteilung der Stände, für sie die Form gesonderter Deputationen der beiden Kammern anzunehmen wäre. —

Nur kurz sei noch darauf hingewiesen, daß, ebenso wie „einer" Zwischendeputation die Vorbereitung mehrerer Beratungsgegenstände bezw. die Ausführung mehrerer Beschlüsse in ständischen Angelegenheiten zugewiesen werden kann, es auch zweifellos zulässig ist, erforderlichenfalls mehrere, gleichzeitig nebeneinander tagende, Zwischendeputationen zu ernennen. Zu verschiedenen Malen ist es zur gleichzeitigen Ernennung mehrerer Zwischendeputationen gekommen.[1] Erwähnt sei nur noch der merkwürdige, auf dem Landtage 1863/64 vorgekommene Fall, wo zu Vorbereitung einer größeren Anzahl von Gesetzesvorlagen gleichzeitig mehrere Zwischendeputationen in der Weise ernannt wurden, daß derselbe Beratungstoff von der ersten Kammer an drei, von der zweiten Kammer an zwei derselben gewiesen wurde.[2] Ernstliche Bedenken stehen einer solchen Praxis nicht entgegen.

§ 4.

Die Wahl der Mitglieder.

Was zuerst die Anzahl der in die Zwischendeputationen zu wählenden Mitglieder betrifft, so sind darüber spezielle Vorschriften in der L.O. nicht enthalten. Nur die — bei der grundsätzlichen Gleichstellung der Kammern (V.U. § 62) selbstverständliche — Vorschrift kommt hier in Betracht, daß mangels

---

[1] Landtage 1839/40, 1842/43, 1863/64, 1866/68, 1875/76.

[2] Vgl. S. 39 Anm. 4.

einer besonderen Vereinbarung über die Zahl der von jeder Kammer in die gemeinsamen Zwischendeputationen zu wählenden Mitglieder jede Kammer die Hälfte dieser wählen soll (L.O. § 34 Abs. 2). In den wenigen Fällen, in denen es bisher zur Einsetzung gemeinsamer Deputationen gekommen ist, ist auch regelmäßig so verfahren worden.

L.O. I § 149 Abs. 1 bestimmte ferner betr. der gemeinsamen Zwischendeputationen, daß die Gesamtzahl der Mitglieder nicht mehr als sechs betragen sollte. Dieselbe Bestimmung traf prov. L.O. § 120 Abs. 2. Die L.O. hat diese Bestimmungen nicht übernommen, so daß jetzt die Festsetzung der Mitgliederzahl der gemeinsamen Deputationen dem freien Ermessen der Ständeversammlung unterliegt. Dasselbe ist der Fall bezüglich der gesonderten Deputationen. Schon die L.O. I hatte die Bestimmung des mehrfach erwähnten Dekrets vom 11. Oktob. 1834 (sub 2) nicht übernommen, daß die Mitgliederzahl der gesonderten Deputationen der ersten Kammer fünf, der zweiten Kammer sieben betragen solle. So bestimmt auch die L.O. nur im allgemeinen, daß für die Wahl der von jeder Kammer besonders ernannten Zwischendeputationen die nach der Geschäftsordnung der ersteren für ihre Deputationen überhaupt bestehenden Vorschriften gelten sollen (L.O. § 35 Abs. 1).

Es kommen also die von den Geschäftsordnungen der einzelnen Kammern im allgemeinen über die Mitgliederzahl ihrer Deputationen getroffenen Bestimmungen zur Anwendung. In die Deputationen der ersten Kammer werden, sofern nicht etwas anderes ausdrücklich beschlossen wird, fünf, in die der zweiten Kammer mindestens fünf, höchstens fünfzehn, mangels besonderen Beschlusses zehn Mitglieder zu wählen sein (Gesch.O. I K. § 13 Abs. 1, Gesch.O. II K. § 23).

Bei der Festsetzung der Zahl der in die Zwischendeputationen zu wählenden Mitglieder muß Verschiedenes berücksichtigt werden. Auf der einen Seite ist zu bedenken, daß die Deputationen stark genug sein müssen, um die ihnen überwiesenen, meist recht umfangreichen und schwierigen Materien in der erforderlichen Weise erledigen zu können. Andrerseits muß aber auch, und das ist von besonderer Wichtigkeit, Rücksicht darauf genommen werden, daß gerade die Mitgliedschaft in den Zwischendeputationen an die verfügbare Zeit der Gewählten ungemein große Anforderungen stellt und sich nur bei wenigen mit ihrer Berufstätigkeit verbinden läßt. Die Zahl derer, denen Schwierigkeiten nicht erwachsen, wenn sie auch noch außerhalb der Landtagssessionen sich oft Monate dauernden Deputationsberatungen widmen sollen, wird stets nur eine kleine sein.

In Berücksichtigung dieser Umstände ist bei dem Beschluß über die Zahl der in eine Zwischendeputation zu wählenden Mitglieder genau zu rechnen mit allen in Betracht kommenden Persönlichkeiten. Dies ist auch deshalb nötig, weil noch auf ein Weiteres zu achten ist: auf das Vorhandensein geeigneter Stellvertreter. Das Vorhandensein solcher ist gerade bei den Zwischendeputationen eine absolute Notwendigkeit, wenn nicht im Falle der Verhinderung oder des Ausscheidens eines Deputationsmitgliedes eine erhebliche Störung in den Arbeiten eintreten soll. Dies wäre leicht möglich, da ja die Neuwahl eines Mitgliedes erst nach Wiederzusammentritt der Ständeversammlung erfolgen kann. Es müssen also auf jeden Fall Ersatzleute zum sofortigen Eintritt in die Deputationen vorhanden sein.

Nötig ist es dabei allerdings nicht, wie im Dekret vom 11. Oktober 1834 (sub 3) vorgeschrieben war, daß für jedes Mitglied ein Stellvertreter gewählt wird. Es genügt vielmehr die Wahl nur einiger Stellvertreter, die dann als für das Ganze zur eventuellen Stellvertretung gewählt anzusehen sind, so daß ihr Eintritt in die Zwischendeputationen in der Reihenfolge vor sich geht, in der die Wahl erfolgt war.

Wenn wir einen kurzen Blick auf die Praxis werfen und an der Hand der seit 1831 vorgekommenen Anwendungsfälle prüfen, wieviel Mitglieder im allgemeinen in die Zwischendeputationen gewählt sind, so finden wir, daß die Zahl bei gemeinschaftlichen Deputationen zwischen je drei und fünf von jeder Kammer Gewählten schwankt, während bei gesonderten Deputationen von der ersten Kammer im allgemeinen fünf bis sieben, von der zweiten Kammer sieben bis neun Mitglieder in die Deputationen gewählt worden sind. Die Zahl der Stellvertreter schwankt regelmäßig zwischen zwei und drei dazu Bestimmten.

Was den Wahlakt selbst betrifft, so gelten gemäß L.O. § 35 Abs. 1 für die von jeder Kammer besonders ernannten Zwischendeputationen die nach der Geschäftsordnung der ersteren für ihre Deputationen bestehenden Vorschriften. Diese Bestimmung enthält an sich nur Selbstverständliches. Wenn über die Wahl der in die gemeinsamen Deputationen zu entsendenden Mitglieder dagegen die L.O. keine besondere Bestimmung enthält, so ist es auch hier selbstverständlich, daß betr. dieser Mitglieder die von den Geschäftsordnungen der Kammern für die Wahlen im allgemeinen getroffenen Vorschriften zur Anwendung zu bringen sind.

Die Wahlen erfolgen durch gleichzeitige Aufzeichnung der erforderlichen Anzahl der Mitglieder auf die Stimmzettel (Gesch.O. I. K. §§ 13 Abs. 2, 39 Abs. 3, Gesch.O. II. K. §§ 23, 41 Abs. 5). Als gewählt ist anzusehen, wer die absolute Mehrheit der abgegebenen gültigen Stimmen auf sich vereinigt. Wenn und insoweit sich eine solche bei der ersten Wahl nicht ergeben hat, sind diejenigen Kandidaten, welche die meisten Stimmen erhalten haben, auf eine engere Wahl zu bringen. Insoweit eine absolute Mehrheit auch dann nicht erreicht wird, sind nunmehr diejenigen zwei Kandidaten, welche in der engeren Wahl die meisten Stimmen auf sich vereinigt haben, in eine zweite engere Wahl zu bringen. (Gesch.O. I. K. § 39, Gesch.O. II. K. § 41.)

Wenn bei einer Wahl mehrere Mitglieder gleichviel Stimmen erhalten haben, so entscheidet unter ihnen über den Vorrang des einen vor dem anderen das Los, welches durch die Hand des Vorsitzenden gezogen wird. (Gesch.O. I. K. § 39 Abs. 4, Gesch.O. II. K. § 41 Abs. 4.) Eine solche Feststellung ist besonders bedeutungsvoll bei der Wahl der Stellvertreter, da diese regelmäßig als für das Ganze zur event. Stellvertretung gewählt angesehen werden, im Falle des Ausscheidens oder lang dauernder Verhinderung eines Deputationsmitgliedes also in der Reihenfolge, in der sie gewählt worden sind, in die Deputationen eintreten.

Inwieweit eine wesentliche Vereinfachung des Wahlverfahrens in der Praxis dadurch zustande kommt, daß schon vor der Wahl bindende Vereinbarungen über die zu wählenden Persönlichkeiten getroffen werden, ist hier nicht zu untersuchen.

Die Mitglieder der Ständeversammlung sind verpflichtet, die auf sie gefallene Wahl zu Zwischendeputationsmitgliedern anzunehmen. Ebenso wie sie die Pflicht haben, in der Ständeversammlung zu erscheinen und an den Verhandlungen teilzunehmen, müssen sie auch die Wahl in Deputationen annehmen.[1] Eine Ablehnung ist nur aus triftigen Gründen, über die die Kammer zu entscheiden hat, möglich. Nur die königlichen Prinzen sowie die Sekretäre können nach Gesch.O. I. K. § 13 Abs. 4, 5 eine Wahl ohne Angabe von Gründen ablehnen, während der Präsident der ersten Kammer überhaupt nicht wählbar ist.

Wählbar sind dagegen diejenigen Mitglieder der zweiten Kammer, die verfassungsgemäß zwecks Partialerneuerung aus dieser ausscheiden. Gemäß V.U. § 71 erfolgt der Austritt der ausscheidenden Mitglieder „vor Beginn eines ordentlichen Landtags". Es steht nichts entgegen, daß sie auf dem diesem vorhergehenden Landtage für die Zwischenzeit zwischen beiden zu Mitgliedern von Zwischendeputationen gewählt werden und in diesen tätig sind. Denn bis zum Beginn des neuen Landtages bezw. bis zu dem Tage der Hauptwahlen[2], die kurze Zeit vorher stattfinden, haben sie alle Rechte und Pflichten der ständischen Mitgliedschaft. Erst mit dem Tage der Hauptwahlen verlieren sie diese. Es würde dann ein Stellvertreter für sie in die Zwischendeputationen einzutreten haben.

Im Dekret vom 11. Oktober 1834 (sub 6, 7) war die Zulässigkeit der Wahl der ausscheidenden Mitglieder ausdrücklich betont.[3] Nur wurde gleichzeitig bestimmt, daß nie mehr als drei ausgeloste Mitglieder der zweiten Kammer in die Zwischen-

[1] Ausdrücklich betont in Gesch.O. I. K. § 13 Abs. 6. Vgl. Opitz a. a. O. II S. 45. — Das Königliche Dekret vom 11. Okt. 1834 ließ dagegen bei der Wahl zu Mitgliedern von Zwischendeputationen ausdrücklich, im Gegensatz zu prov. L.O. § 105, Ablehnung ohne Kognition der Kammern frei.

[2] Vgl. Fricker, Grundriß des sächsischen Staatsrechts S. 140.

[3] Allerdings stellte sich diese Bestimmung in Widerspruch zu § 71 V.U. in seiner damaligen Gestalt. Regierung und Stände haben sich aber schon in der allerersten Zeit des Bestehens der V.U. dahin geeinigt, daß die ständische Eigenschaft der aus der zweiten Kammer infolge Auslosung ausscheidenden Mitglieder bis zu den Neuwahlen fortdauern solle. Vgl. dazu L.A. 1837 I. Abt. 2. Bd. S. 66, 623 u. Landtagsabschied vom 3. Dez. 1837.

deputationen gewählt werden sollten, damit nicht die Berichterstattung im neuen Landtage erschwert werden würde. Bedenken in letzterer Beziehung scheinen veranlaßt zu haben, daß L.O. I § 152 Abs. 2 die Wahl der ausscheidenden Mitglieder verbot. Diese Bestimmung ist aber mit Recht von der L.O. nicht übernommen worden.

Nach erfolgter Wahl konstituieren sich die Zwischendeputationen. Jede wählt einen Vorsitzenden und einen Schriftführer, event. auch für jeden derselben — so regelmäßig die gesonderten Deputationen der zweiten Kammer — einen Stellvertreter. (Gesch.O. I. K. § 14 Abs. 1, Gesch.O. II. K. § 24 Abs. 1. Betr. der gemeinsamen Deputationen L.O. § 34 Abs. 2.[1]) Über das Ergebnis dieser Wahlen haben die gesonderten Deputationen jede ihrer Kammer, die gemeinsamen beiden Kammern Bericht zu erstatten. Dies ist schon um deswillen notwendig, weil die Wahl des Vorstandes — mit Rücksicht auf die Bestimmung von L.O. § 35 Abs. 5 Satz 1 — dem Gesamtministerium anzuzeigen ist. (L.O. § 35 Abs. 2.)

§ 5.

Pflichten und Rechte der Mitglieder.

Über die Pflichten der Mitglieder der Zwischendeputationen ist hier nur weniges auszuführen. Die Pflichten, die ihnen die Wahl in die Zwischendeputationen auferlegt, sind die gleichen wie diejenigen, die sie auf Grund ihrer ständischen Mitgliedschaft der Ständeversammlung gegenüber haben. Sie sind also verpflichtet, an den Sitzungen der Deputationen teilzunehmen und sich an der Beratung und Beschlußfassung zu beteiligen. Für den Fall der Verhinderung bedarf es eines Urlaubes, der, in analoger Anwendung von Gesch.O. I. K. § 40, Gesch.O. II. K. § 42, unter Angabe des Behinderungsgrundes beim Vorstande der Deputation nachzusuchen ist. Einer Entschuldigung bedarf

[1] prov. L.O. § 120 bestimmte betr. des Vorstandes der (gemeinsamen) Zwischendeputationen, daß jede Kammer unter den von ihr gewählten Deputationsmitgliedern einen Vorstand bezeichnete, der abwechselnd mit dem von der anderen Kammer monatsweise den Vorsitz führte.

es, wenn ein Mitglied einer einzelnen Sitzung beizuwohnen verhindert ist.

Zweifel entstehen bez. der Frage, wer im Falle, daß ein Mitglied für längere Zeit behindert bezw. zum Austritt genötigt ist, zur Entscheidung über den Austritt und die Einberufung eines Stellvertreters berufen ist. Im allgemeinen ist sonst auch bei Deputationen das Plenum für die Entscheidung, inwieweit sich Mitglieder den ihnen als Deputationsmitgliedern obliegenden Funktionen entziehen können, zuständig.[1] Eine solche Entscheidung betr. der Mitglieder der Zwischendeputationen einzuholen ist aber, da deren Tätigkeit in der Hauptsache in die Zeit fällt, wo die Stände in pleno nicht versammelt sind, unmöglich. Die Entscheidung kann hier nur den Deputationen selbst anheim gegeben werden.[2]

Bezüglich der Rechte der Mitglieder der Zwischendeputationen — soweit man hier von subjektiven Rechten reden kann und sich nicht diese Bestimmungen vielmehr als objektive Spezialrechtssätze, Rechte der Ständeversammlung selbst, darstellen[3] — interessiert uns vor allem die Frage, inwieweit die Ausnahmerechte gegenüber der Justiz, die den Mitgliedern der Ständeversammlung auf Grund ihrer Zugehörigkeit zu dieser für die Gelegenheiten und für die Zeit, wo sie in Ausübung ihres Berufsrechtes tätig sind, reichsgesetzlich wie auch durch die V.U. zuerkannt sind, auch den Mitgliedern der Zwischendeputationen für die Zeit ihrer Tätigkeit in diesen zuzugestehen sind. Diese Privilegien sind durch die einschlagenden Gesetzesbestimmungen den Volksvertretern teils für die Gelegenheiten zugebilligt, wo sie „in Ausübung ihres Berufes“ handeln, teils für die „Dauer der Sitzungsperiode“. Im einzelnen tauchen deshalb, da die Tätigkeit der

[1] Vgl. Gesch.O. I. K. § 13 Abs. 4—6. Opitz a. a. O. S. 45, 184.

[2] Der früher versuchte Ausweg, daß die Kognition der Behinderungsgründe der Regierung übertragen wurde (vgl. L.A. 1851/52 I. Abt. 2. Bd. S. 249 und LO. I § 152 Abs. 2) ist als ein dieser ohne zwingende Gründe erteiltes Eingriffsrecht in innere Angelegenheiten der Ständeversammlung schwerlich zu billigen.

[3] Vgl. dazu Laband, Das Staatsrecht des Deutschen Reiches I S. 329 f. Seydel, Kommentar zur Verfassungsurkunde für das Deutsche Reich. Anm. II zu Art. 31.

Zwischendeputationen gerade hauptsächlich in die Zeit während der Vertagung bezw. in die Zwischenzeit zwischen zwei Landtage fällt, verschiedene Fragen auf.

Bezüglich der ersten dieser Exemtionen, gegeben durch Str.G.B. § 11, wonach kein Mitglied des Landtags außerhalb dieses wegen seiner Abstimmung oder wegen einer in Ausübung seines Berufes getanen Äußerung weder kriminell noch disziplinarisch noch civilrechtlich[1] zur Verantwortung gezogen werden darf, kann es keinem Zweifel unterliegen, daß diese den Mitgliedern der Zwischendeputationen hinsichtlich ihrer Tätigkeit in diesen zuzuerkennen ist. Denn die Bestimmung des § 11 Str.G.B. ist unbestrittenermaßen auf die im Plenum wie auch auf die in Kommissionen, Deputationen und Abteilungen parlamentarischer Körperschaften getanen Äußerungen wie überhaupt stets dann anzuwenden, wenn ein Abgeordneter in seiner Funktion als Volksvertreter auftritt und tätig wird. Auch in den Zwischendeputationen handeln aber deren Mitglieder in Ausübung der mit der ständischen Mitgliedschaft verbundenen Rechte und Pflichten, in Ausübung ihres parlamentarischen Berufs. Deshalb muß sie auch hier ihr Berufsrecht vor jeder Verantwortung schützen. Daß die Tätigkeit in den Zwischendeputationen zur Hauptsache in eine Zeit fällt, wo die Stände selbst in pleno nicht versammelt sind, ist völlig unbeachtlich.[2]

Wenn sodann durch § 84 V.U. die völlige „Unverletzlichkeit“ der Mitglieder der Ständeversammlung, insbesondere, abgesehen von bestimmten Ausnahmefällen, das Privileg der Exemtion von jeder Haft außer der Strafhaft[3] „während der Dauer des Landtags“ statuiert wird, muß diese Unverletzlichkeit den Mitgliedern

---

[1] Betr. des bestrittenen letzteren Punktes vgl. Binding, Handbuch des Strafrechts S. 676 Note 13. Olshausen, Kommentar zum Str.G.B. Note 7 zu § 11. Hubrich, Die parlamentarische Redefreiheit und Disziplin S. 388 ff. A. M. Frank, Strafgesetzbuch Anm. IV zu § 11.

[2] Ebenso Opitz a. a. O. S. 47.

[3] So in analoger Auslegung wie jetzt für Reichsverfassung Art. 31 die herrschende. Vgl. Seydel a. a. O. Anm. III, 2 zu Art. 31. Ebenda weitere Litteratur. A. M. betr. § 84 V.U. Opitz a. a. O. S. 48 ohne nähere Begründung.

derjenigen Zwischendeputationen zuerkannt werden, die während der Vertagung der Ständeversammlung tätig sind. Denn da das Privileg des § 84 V.U. für die „Dauer des Landtags" gilt, so steht es allen Mitgliedern der Ständeversammlung, auch den nicht in die Zwischendeputationen entsendeten, während der Vertagung des Landtags zu. Unter „Landtag" ist nach feststehendem parlamentarischen Sprachgebrauch, wie auch nach der Auffassung der V.U. selbst, zu verstehen die periodisch wiederkehrende, durch förmliche Eröffnung und förmlichen Schluß begrenzte Tätigkeit der Stände. Daß dies die Auffassung der V.U. ist, ergibt sich beispielsweise gleich aus der Ausdrucksweise in § 114, wo die beiden Begriffe: „von einem Landtag zum andern" und „während der Vertagung der Ständeversammlung" einander gegenübergestellt sind.

Wenn durch einzelne reichsgesetzliche Vorschriften noch weitere Ausnahmerechte gegenüber der Justiz den Volksvertretern für die Dauer der „Sitzungsperiode" zugebilligt sind, so ist auch der Begriff der „Sitzungsperiode" in analoger Weise auszulegen wie eben betreffs des „Landtags" geschehen. Auch unter „Sitzungsperiode" ist nach herrschender, auch reichsgesetzlich zu Anerkennung gelangter[1], Meinung die Zeit der Vertagung der Parlamente mitbegriffen.[2] Und selbst die Vertreter der gegenteiligen Meinung erkennen die Notwendigkeit an, die für die Dauer der „Sitzungsperiode" statuierten Privilegien mindestens auf die Volksvertreter zu erstrecken, die den während der Vertagung arbeitenden Kommissionen angehören. Unbestrittenermaßen ist also gegen die Mitglieder der während der Vertagung der Ständeversammlung arbeitenden Zwischendeputationen die Haft zur Erzwingung des Offenbarungseides unzulässig (C.P.O. § 904 Z. 1). Ebensowenig können diese, solange sie sich am Orte des Landtags aufhalten, genötigt werden, sich außerhalb dieses Ortes als Zeuge oder Sachverständiger in einem Zivil-

---

[1] Vgl. Gesetz betr. die Abänderung des § 69 des Str.G.B. vom 26. März 1893.

[2] Entscheidung des Reichsgerichts vom 25. Febr. 1892 (E. R. XXII S. 379 ff.); Laband a. a. O. S. 331; Seydel a. a. O. I Anm. II zu Art. 31 und die dort angeführte weitere Litteratur.

oder Strafverfahren vernehmen zu lassen. (C.P.O. §§ 382, 402 Str.Pr.O. §§ 49, 72.)

Den Mitgliedern der in der Zeit von einem Landtage zum andern arbeitenden Zwischendeputationen stehen dagegen diese Ausnahmerechte gegenüber der Justiz nicht zu. Denn die Tätigkeit dieser Deputationen fällt gerade in die Zeit zwischen zwei „Landtagen" bezw. zwei „Sitzungsperioden". Weder die in Betracht kommenden Bestimmungen der Reichsgesetze sind deshalb anwendbar, noch auch hat § 84 V.U. auf diesen Fall Rücksicht genommen.

Es dürfte aber als durchaus angemessen erscheinen, daß die Mitglieder der in der Zwischenzeit von einem Landtage zum andern tagenden Zwischendeputationen ebenfalls diese Privilegien genießen. Stellen die Zwischendeputationen zwar auch keine Repräsentation des Volkes dar, so sind die Mitglieder doch versammelt auf Grund ihrer Zugehörigkeit zur Ständeversammlung, zur Ausübung ständischer Rechte und Pflichten. Ebenso wie der Ständeversammlung gegenüber die einzelnen Mitglieder zur Annahme der Wahl zu Mitgliedern der Zwischendeputationen, zur Anwesenheit und Teilnahme an den Verhandlungen verpflichtet sind, müssen sie andrerseits nach außen hin, wenn sie in Erfüllung dieser Pflichten versammelt und tätig sind, den gleichen rechtlichen Schutz genießen, den V.U. § 84 für die Dauer des „Landtags" und die einschlagenden Bestimmungen der Reichsgesetze für die Dauer der „Sitzungsperiode" den Volksvertretern zuerkannt haben. Auch hier ist der Gesichtspunkt notwendigerweise maßgebend, daß eine Störung der parlamentarischen Arbeiten im Interesse des Gemeinwohls ausgeschlossen sein muß.

An anderer Stelle haben in ähnlichem Falle diese Erwägungen gesetzliche Anerkennung gefunden. Durch § 2. des Reichsgesetzes vom 23. Dezember 1874[1] wurde bestimmt, daß auf die Mitglieder der im Jahre 1875 in der Zeit zwischen zwei Reichstagssessionen tagenden Reichstagskommission die Bestimmung von Reichsverf. Art. 31 Anwendung finden solle. Ebenso sind auch in einzelnen deutschen Verfassungen den Mitgliedern der „ständischen Aus-

[1] Reichsgesetzblatt 1874 S. 194.

schüsse“ die parlamentarischen Privilegien unbedingt für die Zeit, während der die Ausschüsse versammelt sind, ausdrücklich zugebilligt worden.[1]

Weitere Rechte der Mitglieder der Zwischendeputationen bestehen in ihrem Anspruch auf Tagegelder und Ersatz der Reisekosten. Sie haben einen solchen, insofern sie nicht an dem Orte, wo der Landtag abgehalten wird, wesentlich wohnen, zur Entschädigung für den erforderlichen außerordentlichen Aufwand von dem Tage an, auf den die Zwischendeputationen einberufen sind, in demselben Maße und unter denselben Voraussetzungen, wie durch L.O. § 38 Abs. 2—6 im allgemeinen für die Mitglieder der Ständeversammlung bestimmt. Ebenso ist ihnen während der Dauer der Zwischendeputationen freie Fahrt auf den Eisenbahnen zwischen dem Sitze des Landtags und ihrem inländischen Wohnorte gewährt. (L.O. § 38 Abs. 8.)

Die eben angezogene Bestimmung von L.O. § 38 Abs. 8 stellt sich zum Teil in scharfen Widerspruch zur Verfassungsurkunde. Es sollen nämlich hinsichtlich der Ansprüche der Zwischendeputationsmitglieder auf Tagegelder und Ersatz der Reisekosten „die § 120 der Verfassungsurkunde gemachten Ausnahmen“ unberücksichtigt bleiben.

Nach V.U. § 120 haben die Prinzen des Königlichen Hauses und diejenigen Mitglieder der ersten Kammer, die die Standschaft in dieser Kammer mit Rücksicht auf ihre hergebrachten Rechte erhalten haben, nämlich die Herrschaftsbesitzer und die Vertreter der Universität Leipzig, des Hochstifts Meißen, Domstifts St. Petri zu Budissin und des Kollegiatstifts zu Wurzen, keinen Anspruch auf die den übrigen Ständemitgliedern für den erforderlichen außerordentlichen Aufwand verfassungsgemäß gewährte Entschädigung. L.O. § 38 Abs. 8 will den angegebenen Mitgliedern der ersten Kammer diese Entschädigung aber zuerkennen, soweit der außerordentliche Aufwand infolge ihrer Tätigkeit als Mitglieder von Zwischendeputationen entsteht. Die Bestimmung von L.O. § 38 Abs. 8 widerspricht also direkt dem von V.U. § 120 aufgestellten Prinzip der Diätenlosigkeit gewisser

[1] Oldenburg Art. 172 § 1, Coburg-Gotha § 96.

Mitglieder der ersten Kammer und ist, da mit einer ausdrücklichen Bestimmung der Verfassungsurkunde in Widerspruch stehend, gemäß § 154 Abs. 1 V.U. insoweit ungültig. Mit Rücksicht auf den Grund ihrer Standschaft in der ersten Kammer hat die Verfassungsurkunde die genannten Mitglieder von dem Bezug einer Entschädigung für den durch ihre ständische Wirksamkeit entstehenden Aufwand ausgeschlossen. Die L.O. kann unmöglich für einen einzelnen Fall, der sich durchaus im Rahmen der allgemeinen ständischen Tätigkeit hält, die prinzipielle Diätenlosigkeit der genannten Mitglieder der ersten Kammer aufheben. Nur im Wege der Verfassungsänderuug könnten vielmehr die in § 120 V.U. gemachten Ausnahmen ganz oder für bestimmte Fälle beseitigt werden.[1]

Dieser klar zutage liegende Widerspruch zwischen V.U. § 120 und L.O. § 38 Abs. 8 ist leicht aus der Entstehungsgeschichte beider Bestimmungen zu erklären. Bis zur Verfassungsänderung vom 12. Oktober 1874 waren nämlich durch § 120 V.U. alle näheren Bestimmungen bez. der Tage- und Reisegelder in die L.O. verwiesen (vgl. V.U. § 120 in der durch die Verfassungsänderung vom 31. März 1849 erhaltenen Fassung). L.O. I schloß nun in § 139 die genannten Mitglieder der ersten Kammer vom Diätenbezug aus, welche Ausnahme aber § 157 — und hier durchaus zulässigerweise — insoweit wieder beseitigte, als die betr. Mitglieder der ersten Kammer als Mitglieder von Zwischendeputationen tätig wurden. Als dann § 139 L.O. I unter unwesentlichen Änderungen durch die Verfassungsänderuug des

[1] Anders liegt dagegen der Fall hinsichtlich der den Mitgliedern des Landtagsausschusses zu Verwaltung der Staatsschulden durch § 33 Abs. 1 des Gesetzes vom 28. Febr. 1882 (Geschäftsanweisung für den Landtagsausschuß zu Verwaltung der Staatsschulden) zugesprochenen Tagegelder. Auch der zitierte Paragraph setzt sich, soweit die obengenannten Mitglieder der ersten Kammer als Mitglieder des Ausschusses in Betracht kommen, in Widerspruch zu § 120 V.U. Die Einrichtung des Schuldenverwaltungsausschusses bedingt aber in so mannigfacher Weise Abweichungen von dem Charakter der sonstigen ständischen Wirksamkeit, daß ihr eine, sich nach den verschiedensten Richtungen hin äußernde Sonderstellung einzuräumen ist. (Vgl. Opitz a. a. O. S. 140 f.) Deshalb könnte man vielleicht die zitierte Bestimmung als zu Recht bestehend ansehen.

Jahres 1874 an Stelle des aufgehobenen früheren § 120 V.U. trat, wurde in dem an Stelle von § 157 L.O. tretenden § 38 Abs. 8 L.O. die zwecks Beseitigung der gemachten Ausnahmen enthaltene Berufung auf § 139 L.O. I durch die auf § 120 V.U. ersetzt, ohne daß an die Verschiebung des rechtlichen Charakters der in Bezug genommenen Bestimmungen gedacht worden wäre.

Schon bei den Verfassungsberatungen hatten sich Stimmen erhoben, welche sich prinzipiell gegen eine solche zu Ungunsten bestimmter Mitglieder der ersten Kammer gemachte Ausnahme aussprachen.[1] Dies aber ohne Erfolg. Nur soweit die Tätigkeit in den Zwischendeputationen in Betracht kommt, ist die Regierung von ihrem Standpunkt abgewichen. Es ist auch ein sehr berechtigter Wunsch der von der gedachten Ausnahme betroffenen Mitglieder der ersten Kammer, für den durch die Teilnahme an den Arbeiten der Zwischendeputationen, deren Tätigkeit sich oft über einen langen Zeitraum erstreckt, entstehenden beträchtlichen Aufwand eine Entschädigung zu erhalten. Hat doch auch in den ähnlichen Fällen, wo Reichstagskommissionen während der Vertagung des Reichstags bezw., auf Grund besonderer gesetzlicher Ermächtigung, zwischen zwei Reichstagssessionen ihre Beratungen fortsetzten, die Reichsregierung, trotzdem sie prinzipielle Gegnerin der Gewährung von Diäten an die Reichstagsabgeordneten ist, den Kommissionsmitgliedern mit Rücksicht auf deren sonst eintretende starke finanzielle Belastung eine Entschädigung in Geld gewährt.[2]

Vielleicht wäre, da der Bestimmung von § 38 Abs. 8 L.O. rechtliche Geltung nicht zuzusprechen ist, der hier angestrebte Erfolg vorkommendenfalls am besten auf demselben Wege zu erreichen, wie in den angezogenen Fällen von der Reichsregierung eingeschlagen. Es könnten den in Zwischendeputationen gewählten, genannten Mitgliedern der ersten Kammer jedesmal durch Gesetz zwar nicht Diäten — da dies § 120 V.U. widersprechen würde —

[1] Vgl. die von der Universität Leipzig anläßlich der Verfassungsberatungen eingereichte Denkschrift ad 129 des Entw. (L.A. 1830 Bd. 4 S. 1958 ff. v. Witzleben a. a. O. S. 268).

[2] Reichsgesetz vom 20. Juni 1902 (Reichsgesetzblatt 1902 S. 235) § 2. Reichsgesetz vom 23. Dezember 1874 (Reichsgesetzblatt 1874 S. 194) § 3.

wohl aber eine Pauschalsumme für den durch ihre Tätigkeit in den Zwischendeputationen entstehenden außerordentlichen Aufwand zugesprochen und damit ihren berechtigten Wünschen Rechnung getragen werden.[1]

In diesem Zusammenhange sei zum Schluß die Bestimmung des § 35 Abs. 6 L.O. erwähnt, wonach die Zwischendeputationen durch die Regierung mit dem zur Aufwartung erforderlichen Personale, durch den Archivar, welcher darüber der nächsten Ständeversammlung Rechnung ablegt, mit den nötigen Kanzleibedürfnissen versehen werden.

§ 6.

Der Beginn der Tätigkeit der Zwischendeputationen.

Der Zusammentritt der Zwischendeputationen und Beginn ihrer Tätigkeit fallen auf den Zeitpunkt, den das Gesamtministerium nach Vernehmung mit den Deputationsvorständen bestimmt. (L.O. § 35 Abs. 5.) Der angesetzte Termin wird in üblicher Weise durch Veröffentlichung eines Ministerialprotokolls in den Landtagsakten bekannt gegeben.

Nicht bleiben also die Zwischendeputationen nach erfolgter Ernennung und Konstituierung zusammen und beginnen sofort ihre Tätigkeit. Sondern erst an dem Zeitpunkt können sie dies tun, an dem sie von der Regierung einberufen werden. Die Praxis hat allerdings die Vorschrift des § 35 Abs. 5 L.O. nicht streng beachtet. So wurde z. B. bestimmt, daß die auf dem Landtage 1875/76 für die Zeit der Vertagung der Ständeversammlung zu Zwischendeputationen ernannten drei ordentlichen Deputationen[2] „behufs Vorbereitung der ihnen überwiesenen Beratungsgegenstände auf so lange, als es für diesen Zweck erforderlich ist, versammelt bleiben oder einberufen werden“ sollten. Auf diesen Fall ist unten zurückzukommen, und es wird gezeigt werden, daß die Auslegung, die gerade in diesem

[1] In den angezogenen Fällen wurde für jedes Mitglied der Reichstagskommissionen eine Pauschalsumme von 2000 bezw. 2400 M. ausgeworfen.

[2] L.A. 1875/76 Königl. Dekrete 3. Bd. S. 151.

Anwendungsfalle dem § 114 V.U. von der Praxis gegeben wurde, in verschiedenen Beziehungen Anlaß zu Bedenken gibt.

Nicht bleibt es also gemäß § 35 Abs. 5 L.O. ferner der Bestimmung der Ständeversammlung bezw. der Deputationen selbst überlassen, die Zeit des Zusammentritts zu bestimmen. Sondern dies Bestimmungsrecht steht der Regierung zu, die sich allerdings in Vernehmung mit den Deputationsvorständen zu setzen hat. Früher war das Bestimmungsrecht der Regierung nicht ein so freies. Das Dekret vom 11. Oktober 1834 (sub 9) ordnete an, daß die Einberufung der Zwischendeputationen regelmäßig 6 Monate vor Beginn des Landtages erfolgen solle. In der L.O. ist aber eine entsprechende Vorschrift nicht enthalten.

Bedenken entstehen in der Richtung, ob die Vorschrift des § 35 Abs. 5 L.O. in richtigem Verhältnis steht zu dem rechtlichen Charakter der Zwischendeputationen, ob sie nicht vielmehr durchaus überflüssigerweise der Regierung ein Eingriffsrecht in innere Angelegenheiten der Ständeversammlung zuspricht. Auch hierauf soll erst an anderer Stelle des näheren eingegangen werden.

Über die Geschäftsbehandlung in den Zwischendeputationen ist nur weniges zu sagen, da hinsichtlich dieser Entsprechendes wie für die gewöhnlichen Deputationen gilt. L.O. § 35 Abs. 1 bestimmt bezügl. der Beratung der von jeder Kammer besonders gewählten Zwischendeputationen, daß die nach der Geschäftsordnung der ersteren für ihre Deputationen überhaupt bestehenden Vorschriften zur Anwendung kommen sollen. Dasselbe gilt bezüglich der Beschlußfassung der gesonderten Deputationen. Diese sind also beschlußfähig, wenn mindestens die Hälfte ihrer Mitglieder anwesend ist. (Gesch.O. I. K. § 14, Gesch.O. II. K. § 24.) Gemeinsame Deputationen der beiden Kammern sind beschlußfähig, wenn die Mehrzahl ihrer Mitglieder ohne Rücksicht auf die Kammer, der sie angehören, anwesend ist. Im Falle einer Abstimmung hat hier bei Gleichheit der Stimmen der Vorsitzende der Deputation die entscheidende Stimme (L.O. § 34 Abs. 3), eine Vorschrift, auf deren Bedenklichkeit schon hingewiesen wurde.

Die früheren Landtagsordnungen enthielten noch eine Reihe

spezieller Bestimmungen über die Geschäftsbehandlung in den Zwischendeputationen. So statuierte insbesondere L.O. I § 155 Abs. 2 ein gegenseitiges Vernehmungsrecht der gesonderten Zwischendeputationen. Ein solches ist ja auch gerade für diese von besonderer Wichtigkeit: denn bei ihnen handelt es sich durchweg um besonders umfangreiche und schwierige Beratungsgegenstände, wo die rasche Verlautbarung und Beseitigung zwischen den beiden Deputationen entstehender prinzipieller Meinungsverschiedenheiten durchaus notwendig ist. Denn selbst wenn in den Kammern anläßlich der Plenarberatungen diese Meinungsverschiedenheiten verschwinden, indem sich eine Kammer der Meinung ihrer Deputation nicht anschließt, so können doch immerhin langwierige Beratungen der Zwischendeputationen zwecklos vorgenommen sein.

Weder die L.O. noch die Geschäftsordnungen der Kammern enthalten eine Vorschrift über das gegenseitige Vernehmungsrecht der Zwischendeputationen. Ein solches ist diesen aber unbedenklich zuzugestehen. Alle bisher ernannten Zwischendeputationen haben auch von diesem Recht ausgiebigsten Gebrauch gemacht und durch gemeinsame Beratungen der Deputationen sowie auch durch Zugrundelegung der Protokolle der einen Deputation bei den Beratungen der anderen eine wesentlich erleichterte Geschäftsbehandlung herbeigeführt.

Besonders die zuletzt erwähnte Protokollbenutzung bedeutet eine große Erleichterung in den Fällen, wo bei Vorhandensein mehrerer Beratungsgegenstände diese von den Zwischendeputationen in verschiedener Reihenfolge zur Beratung gezogen werden können.

§ 7.

Der Wirkungskreis.

Der Wirkungskreis, innerhalb dessen Zwischendeputationen auf Grund von der Ständeversammlung erhaltenen Mandats tätig sein können, ist von der V.U. scharf umgrenzt. Und zwar ist dieser Kreis ein ziemlich enger. Er ist nicht größer als der für die während der Zeit, wo die Stände selbst in pleno versammelt sind, tagenden Deputationen vorgesehene. Nach § 114 V.U. kann Zwischendeputationen nämlich lediglich übertragen werden:

1) die Vorbereitung von Beratungsgegenständen,

2) die Ausführung von Beschlüssen in ständischen Angelegenheiten, welche die Königliche Sanktion erhalten haben.

Eine Reihe von Fragen drängen sich uns hier auf. Insbesondere zuerst die Frage: Ist eine Ausführung von Beschlüssen der Ständeversammlung durch Zwischendeputationen auf Grund von jener erhaltenen Mandates überhaupt denkbar, da doch die Ständeversammlung ebensowenig wie die Volksvertretung irgend eines anderen konstitutionellen Staates Exekutive besitzt? Denn wenn auch nach richtiger Meinung die rechtliche Bedeutung der ständischen Vertretung im konstitutionellen Staat sich nicht nur als die eines zu rein negativer Tätigkeit, sondern als die eines zu wenn auch nur beschränkter tätiger Mitwirkung berufenen Faktors darstellt, eines Faktors, der jedenfalls zu positiv anregender und die Handlungen der Staatsgewalt kontrollierender Tätigkeit berufen ist, so steht doch die Exekutive allein der Regierung zu. Keinerlei Befehlsgewalt, keinerlei Zwangsgewalt ist der Volksvertretung übertragen. Allein durch die Regierung hindurch ist sie auf die Staatsverwaltung einzuwirken imstande. Die sächsische Verfassung macht in dieser Beziehung keine Ausnahme. Auch sie kennt keine ständischen Beschlüsse, welche die Rechte Dritter betreffen und der Exekutive der Ständeversammlung unterliegen können.[1]

Und eine zweite Frage: Wenn die V.U. in § 114 von „Beratungsgegenständen“ spricht, gebraucht sie da diesen Ausdruck in besonderer Bedeutung, auf Grund einer seiner Ausdrucksweise durchweg zugrunde liegenden Terminologie? Auf eine solche müßte jedenfalls bei der Interpretation des § 114 V.U. in erster Linie Rücksicht genommen werden. Wir finden auch, daß die V.U. an anderer, und zwar sehr wichtiger, Stelle, nämlich in § 131,

[1] Gewisse Ausnahmen von diesem Prinzip ergeben sich allerdings speziell für das sächsische Staatsrecht aus den Organisationen des ständischen Ausschusses zu Verwaltung der Staatsschuldenkasse sowie der Brandversicherungskammer. Es sind dies aber Ausnahmen ganz singulärer Natur, die hier füglich außer Betracht gelassen werden können.

den Ausdruck „Beratungsgegenstände" in ganz besonderer Bedeutung gebraucht, indem dort die „Beratungsgegenstände" in scharfen Gegensatz zu den „Gesetzgebungs- und Bewilligungsgegenständen" gebracht werden. Es liegt die Frage daher sehr nahe, ob und wieweit in beiden Bestimmungen der Ausdruck „Beratungsgegenstände" in gleichem Sinne gebraucht ist.

Wir wenden uns zunächst zur Beanwortung der ersten Frage und zur Feststellung, an welchen Kreis von Fällen zu denken ist, wenn § 114 die „Ausführung von Beschlüssen in ständischen Angelegenheiten" durch Zwischendeputationen auf Grund von der Ständeversammlung erhaltenen Mandats vorsieht.

Auch die sächsischen Stände sind, wie bereits betont, im allgemeinen in keiner Weise berechtigt, ihre Beschlüsse unmittelbar und kraft eigener Machtvollkommenheit zur Ausführung zu bringen, auch wenn diese Beschlüsse die Königliche Genehmigung gefunden haben.[1] Daran, daß etwa durch die Bestimmung des § 114 V.U. die prinzipielle Möglichkeit einer den Ständen zustehenden Exekutive eingeräumt werden sollte, ist nicht zu denken. Einer solchen Annahme widerspricht klar und deutlich die Bestimmung des § 79 V.U.

Es gibt aber trotzdem gewisse „Beschlüsse", deren Ausführung der Ständeversammlung zusteht, wo diese also — ebenso wie die Volksvertretung jedes anderen konstitutionellen Staates — in der Lage ist, ihren Willen unmittelbar zur Geltung zu bringen. Um den Kreis dieser Fälle bestimmen zu können, dazu gibt uns § 114 eine Handhabe, indem dort gesagt ist, daß Zwischendeputationen die Ausführung von Beschlüssen „in ständischen Angelegenheiten" übertragen werden kann. Denn wenn auch die sächsische Verfassung keine Beschlüsse kennt, welche die Rechte Dritter betreffen und der ständischen Exekutive unterliegen könnten, so unterliegen dieser jedoch sehr wohl Beschlüsse, welche lediglich „ständische Angelegenheiten" betreffen. Und zwar sind diese „ständischen Angelegenheiten" aufzufassen als solche durchaus internen Charakters, als Angelegenheiten, die unmittelbar die Stände und nur sie angehen. Es wird sich in diesen Fällen

[1] Unverständlich MILHAUSER, Das Staatsrecht des Königreichs Sachsen I S. 192.

fast ausnahmslos um die Geltendmachung eines ständischen Willens hinsichtlich der ständischen Einrichtung selbst handeln, und insoweit — aber auch nur innerhalb dieses engen Rahmens — ist eine Ausführung der ständischen Beschlüsse durch die Ständeversammlung selbst zweifellos möglich. Insoweit können also auch Zwischendeputationen auf Grund von der Ständeversammlung erhaltenen Mandats ständische Beschlüsse zur Ausführung bringen.

Wir ziehen hier zum Vergleich die Bestimmung des § 188 Abs. 3 der Württembergischen Verfassungsurkunde heran. Dort wird dem Landtagsausschuß als zu seiner Wirksamkeit gehörig noch allgemeiner die Aufgabe zugewiesen: „für die Vollziehung der landständischen Beschlüsse Sorge zu tragen". Eine ähnliche Bestimmung finden wir auch in anderen deutschen Verfassungen.[1]

Diese Bestimmung ist ebenso auszulegen wie die des § 114 V.U. Auch den Ständen Württembergs steht an sich keine Exekutive zu und soll auch nicht durch die angezogene Bestimmung die Möglichkeit einer solchen eingeräumt werden. Trotzdem nimmt aber auch § 188 Abs. 3 der Württembergischen Verfassungsurkunde Rücksicht auf einen bestimmten Kreis von Fällen, und zwar handelt es sich auch hier nach fast unbestrittener Auffassung um Beschlüsse in inneren, unmittelbar die Volksvertretung und nur sie angehenden Angelegenheiten, also fast ausnahmslos um Beschlüsse, welche die ständische Einrichtung selbst betreffen.[2]

Daraus ergibt sich ohne weiteres, daß hier nicht Beschlüsse in Betracht kommen, durch deren Ausführung die Zwischen-

---

[1] Vgl. oben S. 6 Anm. 2.

[2] So Gaupp a. a. O. S. 117. v. Mohl, Das Staatsrecht des Königreichs Württemberg. I. S. 752 f. Nach diesen fallen unter die Bestimmung des § 188 Abs. 3 auch ständische Beschlüsse in Beziehung auf die Staatsschuldenkasse, was für § 114 V.U. durch § 107 V.U. ausgeschlossen ist. — Weitergehend Sarwey a. a. O. S. 235, wonach der Landtagsausschuß auf Grund von § 188 Abs. 3 die Befugnis haben soll, die publizierten Gesetze in der Richtung zu prüfen, ob der Gesetzestext den Beschlüssen der Ständeversammlung entspricht. — Vgl. hierzu auch die Ausdrucksweise von Sachsen-Altenburg § 249: „Die Landesdeputation hilft die vom Landesherrn bestätigten Beschlüsse des Landtags, soweit es von landschaftlicher Seite geschehen kann, in Vollzug zu setzen."

deputationen einen repräsentativen Charakter erhalten und eine fortdauernde Repräsentation des Volkes vermitteln können.[1]

Die Ausführung solcher Beschlüsse in inneren Angelegenheiten der Ständeversammlung kann sich naturgemäß auch während der Zeit, wo die Stände selbst versammelt sind, als notwendig und unaufschiebbar herausstellen. Dann wird diese Ausführung von den Kammern gewöhnlichen „außerordentlichen“[2] Deputationen übertragen werden. Es ist also keine Besonderheit gerade der Zwischendeputationen, daß diese auf Grund von der Ständeversammlung erhaltenen Mandats Beschlüsse in ständischen Angelegenheiten zur Ausführung zu bringen in der Lage sind.

Eine Besonderheit ist nur in der Beziehung vorhanden, daß die Zwischendeputationen, wenn eine Ausführung von Beschlüssen durch sie in Frage kommt, gemäß § 34 Abs. 2 L.O. die Form gemeinsamer Deputationen der beiden Kammern haben sollen. Für die gewöhnlichen „außerordentlichen“ Deputationen, denen event. ebenfalls die Ausführung von Beschlüssen in ständischen Angelegenheiten übertragen werden kann, ist nirgends die Form gemeinsamer Deputationen der beiden Kammern vorgesehen. Es ist oben schon darauf hingewiesen worden, daß es nicht recht ersichtlich ist, warum gerade insoweit die Ausführung von Beschlüssen in ständischen Angelegenheiten während der Zeit in Betracht kommt, wo die Stände selbst in pleno nicht versammelt sind, die zu diesem Zweck einzusetzenden Zwischendeputationen gemeinsame Deputationen sein sollen. —

Nach § 114 V.U. können ferner die Zwischendeputationen nur solche Beschlüsse in ständischen Angelegenheiten zur Ausführung bringen, „welche die Königliche Genehmigung erhalten haben“. Bülau[3] macht hierzu darauf aufmerksam, daß für gewisse Beschlüsse in inneren Angelegenheiten der Ständeversammlung Königliche Genehmigung gar nicht erforderlich ist. Man kann noch weiter gehen und sagen, daß überhaupt keine Beschlüsse der hier in Betracht kommenden Art die Königliche Genehmigung

---

[1] Vgl. dazu unten S. 55 f.

[2] Gesch.O. I. K. § 11, Gesch.O. II. K. § 22.

[3] Darstellung der Verfassung und Verwaltung des Königreichs Sachsen I. S. 228 Anm. 3.

benötigen. Die inneren Angelegenheiten der Ständeversammlung sind lediglich deren Entschließung unterworfen. V.U. § 112 verlangt Königliche Genehmigung nur für diejenigen Beschlüsse, die auf eine Angelegenheit des Landes Bezug haben, woraus zu folgern ist, daß in Angelegenheiten internen Charakters, die nur die Ständeversammlung angehen, Rechte Dritter aber nicht betreffen, eine Sanktion des Königs nicht erforderlich ist.[1] Soweit demnach Beschlüsse in inneren Angelegenheiten der Ständeversammlung in der Zeit, wo die Stände selbst versammelt sind, zur Ausführung gebracht werden, bedarf es der Königlichen Genehmigung nicht. Die V.U. macht sich einer Inkonsequenz schuldig, wenn sie Königliche Genehmigung dagegen für die durch Zwischendeputationen zur Ausführung zu bringenden Beschlüsse in inneren Angelegenheiten der Ständeversammlung verlangt. Logischerweise könnte die V.U. nur die Königl. Genehmigung der Überweisung solcher Beschlüsse zur Ausführung an Zwischendeputationen, nicht aber Genehmigung der Beschlüsse selbst fordern.

Wir kommen zu unserer zweiten Frage: Was versteht die V.U. in § 114 unter den „Beratungsgegenständen", deren Vorbereitung Zwischendeputationen übertragen werden kann?

Zurückzuweisen ist hier die Annahme, deren Möglichkeit oben ins Auge gefaßt wurde, daß der Ausdruck „Beratungsgegenstände" in § 114 auf Grund einer besonderen, der V.U. durchweg zugrunde liegenden Terminologie, insbesondere im gleichen Sinne wie in § 131 V.U. gebraucht ist.

In § 131 V.U. werden die Beratungsgegenstände gegenübergestellt den Gesetzgebungs- und Bewilligungsgegenständen. Der Ausdruck „Beratungsgegenstände" ist dort also gebraucht im Sinne aller Vorlagen, die nicht Gesetzgebungs- und Bewilligungsgegenstände sind. Bewilligungsgegenstände im Sinne von § 131 V.U., wo offenbar die der Beratung und Beschlußfassung der Ständeversammlung verfassungsgemäß unterliegenden Gegenstände in erschöpfender Weise berücksichtigt werden, sind aber alle Vorlagen zum Zwecke der Einholung ständischer Genehmigung.[2] Unter den Beratungsgegenständen im Sinne von § 131 V.U. sind also

[1] Ebenso Bülau a. a. O. S. 223 Anm. 4.

[2] Vgl. Fricker a. a. O. S. 155. — Noch deutlicher ist dies ersichtlich

zu verstehen alle die Gegenstände, die an sich aus dem Rahmen der vor die Ständeversammlung verfassungsgemäß gehörenden Angelegenheiten herausfallen, die jedoch gemäß § 79 Abs. 3 V.U. vom König „besonders“ an die Ständeversammlung gebracht worden sind, und über die demgemäß von dieser lediglich ein Gutachten zu eröffnen ist.[1]

Wenn der Ausdruck „Beratungsgegenstände“ in § 114 in gleicher Bedeutung gebraucht wäre, wie in § 131 V.U., so könnte Zwischendeputationen lediglich die Vorbereitung solcher Gegenstände übertragen werden, die vom König besonders an die Ständeversammlung gebracht sind und betreffs derer lediglich ein Gutachten zu eröffnen ist. Gerade die wichtigsten Vorlagen aber, die Gesetzgebungsgegenstände sowie alle Vorlagen zum Zwecke der Einholung ständischer Genehmigung wären demnach von der Behandlung in Zwischendeputationen ausgeschlossen. V.U. § 114 könnte nur in einer geringen Anzahl verhältnismäßig wenig bedeutungsvoller Fälle zur Anwendung kommen, seine Bedeutung würde also eine sehr geringe sein.

Schon auf Grund dieser rein praktischen Erwägungen muß man der Annahme zuneigen, daß in § 114 V.U. der Ausdruck „Beratungsgegenstände“ lediglich nach allgemeinem Sprachgebrauch auszulegen ist, daß also darunter alle Gegenstände fallen, die der Beratung und Beschlußfassung der Ständeversammlung unterliegen können. Unter „Beratungsgegenständen“ sind also in § 114 ebenso zu verstehen die Gesetzgebungs- und Bewilligungsgegenstände wie die „bloßen Beratungsgegenstände“.

In ähnlich umfassender Bedeutung ist der Ausdruck „Beratungsgegenstände“ in § 124 V.U.[2] gebraucht. Schon daraus, daß die V.U. hier von „anderen Beratungsgegenständen“ spricht, also unter die Beratungsgegenstände auch die „Königlichen Anträge“ des § 123 V.U.[2] einbezog, ergibt sich, daß der Ausdruck „Beratungsgegenstände“ hier weiter auszulegen ist als in § 131 V.U. Es wird also dieser Ausdruck von der V.U. in verschiedener

---

aus § XIII des provis. Gesetzes vom 15. November 1848 (Gesetz- und Verordnungsblatt 1848 S. 219 ff.).

[1] Verbinde V.U. §§ 79 Abs. 3; 128 Abs. 5; 131.

[2] Aufgehoben durch Gesetz vom 12. Okt. 1874 sub 2.

Bedeutung gebraucht. Einmal erfordert er eine sehr enge Auslegung, an anderer Stelle ist er Kollektivausdruck für die verschiedenen, der Beratung und Beschlußfassung der Ständeversammlung möglicherweise unterliegenden Gegenstände. In letzterer Beziehung ist darauf hinzuweisen, daß die V.U. — ebensowenig wie die L.O. und die Geschäftsordnungen der Kammern — eine alle Beratungs- und Beschlußfassungsgegenstände umfassende technische Bezeichnung aufweist, daß vielmehr verschiedene Ausdrücke als Kollektivausdrücke zur Verwendung gelangen.[1]

Nur kurz hingewiesen soll zum Schluß noch auf die Auslegung werden, die Opitz[2] hinsichtlich der den Zwischendeputationen möglicherweise übertragbaren Befugnisse der Bestimmung des § 114 gibt. Opitz kommt auf Grund der an sich richtigen Feststellung, daß die Stände „keinerlei Exekutive besitzen, auch eine solche durch die gedachte Bestimmung offenbar nicht eingeräumt werden soll“, zu der Annahme, die Bestimmung des § 114 sei nur dahin zu verstehen, „daß dieselbe gleich dem § 131 V.U. zwischen solchen Gegenständen unterscheiden will, deren Ausführung von der Zustimmung der Stände abhängig ist und solchen, bei denen die Stände nur als begutachtendes Organ tätig werden“. Ein näheres Eingehen auf diese Annahme lassen unsere bisherigen Ausführungen, insbesondere die Feststellung, daß innerhalb eines bestimmten Kreises von Fällen die Ausführung von Beschlüssen durch die Stände selbst, also auch von Deputationen auf Grund von jenen erhaltenen Mandats, erfolgen kann, für überflüssig erscheinen. Im übrigen erhält die Annahme von Opitz keinerlei nähere Begründung, so daß sich ein Eingehen auf sie auch deshalb erübrigt. —

Den eben gegebenen Ausführungen soll sich nun eine Darstellung der Auslegung anschließen, die die Praxis hinsichtlich des Wirkungskreises der Zwischendeputationen dem § 114 V.U. gegeben hat. Diese wird klar ersichtlich aus der folgenden Zusammenstellung der seit 1831 vorgekommenen Anwendungsfälle des § 114 V.U. Diese Zusammenstellung wird zugleich ein Bild

---

[1] Vgl. Opitz a. a. O. S. 192 Anm. 1.

[2] a. a. O. S. 177.

der Rolle geben, die das Institut der Zwischendeputationen im ständischen Leben Sachsens gespielt hat.

In chronologischer Reihenfolge sind in der Zusammenstellung die Landtage aufgeführt, auf denen es zur Einsetzung von Zwischendeputationen gekommen ist. Aufgeführt sind ferner die Gegenstände, die den einzelnen Deputationen zur Vorbereitung überwiesen waren. Die wenigen Ausnahmefälle, wo eine Vorbereitung von Beratungsgegenständen nicht vorlag, sind besonders kenntlich gemacht. Dasselbe ist geschehen, soweit die eingesetzten Deputationen die Form gemeinsamer Deputationen gehabt haben.

Landtag 1833/34: Entwurf eines Kriminalgesetzbuches.[1]

„ 1836/37: Vorlage betr. des Kriminalgesetzbuches.[2]

„ 1839/40: a) Entwurf wegen des Kriminalverfahrens.[3]
b) Vorlage betr. Einbringung eines tiefen Elbstollens.[4]

„ 1842/43: a) Vorlage wegen Einführung eines neuen Maßsystems.[5]
b) Entwurf einer neuen Wechselordnung.[6]
c) Entwurf einer Landtagsordnung.[7]

„ 1845/46: a) Vorlage, die Benutzung der fließenden Wässer betr.[8]
b) Vorlage betr. die Wechselordnung.[9]

---

[1] Ursprünglich als gemeinsame Deputation der beiden Kammern vorgesehen. Auf das mehrfach erwähnte Dekret vom 11. Oktober 1834 hin gesonderte Deputationen. L.A. 1833/34 I. Abt. 3. Bd. S. 615 f. 4. Bd. 216 f. 478 f. III. Abt. S. 628.

[2] Gemeinsame Deputation zur Festsetzung der endgültigen Redaktion des Kriminalgesetzbuches. L.A. 1836/37 I. Abt. 3. Bd. S. 194, 527, 637 ff.

[3] L.A. 1839/40 I. Abt. 2. Bd. S. 293, 433, 488 ff.

[4] L.A. 1839/40 I. Abt. 2. Bd. S. 267, 415, 489 f.

[5] L.A. 1842/43 I. Abt. 2. Bd. S. 367, 479; vgl. auch S. 589 ff.

[6] L.A. 1842/43 I. Abt. 2. Bd. S. 458, 609 f.

[7] L.A. 1842/43 I. Abt. 2. Bd. S. 660, 701.

[8] L.A. 1845/46 I. Abt. 2. Bd. S. 660, 701, 907 ff.

[9] Gemeinsame Deputation als Redaktionsdeputation wie die unter Landtag 1836/37 genannte.

c) Entwurf betr. die Reform der evang.-luth. Kirchenverfassung.[1]

d) Entwurf eines Berggesetzes.[2]

Landtag 1851/52: Entwürfe eines allgemeinen bürgerl. Gesetzbuches, Strafgesetzbuches und Militärstrafgesetzbuches, einer Strafprozeßordnung, Militärstrafprozeßordnung und weiterer kleinerer Gesetze.[3]

„ 1863/64[4]: a) Entwürfe einer Zivilprozeß-, Konkurs-, Gerichtsordnung und aller damit zusammenhängenden Gesetze.[5]

b) Entwurf eines Berggesetzes.[6]

c) Entwurf einer Kirchenvorstands- und Synodalordnung und sonstige von der Regierung zu überweisende Vorlagen.[7]

„ 1866/68: a) Fortgesetzte Tätigkeit der für Landtag 1863 bis 1864 sub b) und c) angeführten Deputationen.[8]

b) Einberufung der Finanzdeputationen als Zwischendeputationen.[9]

„ 1875/76: Einberufung dreier ordentlicher Deputationen als Zwischendeputationen.[10]

„ 1895/96: Vorlage betr. des Ständehausneubaues.[11]

---

[1] L.A. 1845/46 I. Abt. 2. Bd. S. 79, 917 ff.

[2] L.A. 1845/46 I. Abt. 2. Bd. S. 251, 937.

[3] L.A. 1851/52 I. Abt. 1. Bd. S. 111, 247, 397.

[4] Entsprechend der Einteilung sub a) b) c) von der ersten Kammer drei Deputationen ernannt, von der zweiten Kammer nur zwei, und zwar je eine für die sub a) und die sub b) und c) genannten Vorlagen.

[5] L.A. 1863/64 I. Abt. 2. Bd. S. 690, 693, 817.

[6] L.A. 1863/64 I. Abt. 2. Bd. S. 817, 887 f.

[7] Ebenda.

[8] L.A. 1866/68 I. Abt. 2. Bd. S. 395, 343 f.

[9] Ebenda.

[10] L.A. 1875/76 Dekrete 3. Bd. S. 151.

[11] Gemeinsame Deputation der beiden Kammern. L.A. 1895/96 Dekrete 3. Bd. S. 405. Vgl. unten S. 43.

Landtag 1899/00: a) Entwurf eines Enteignungsgesetzes.[1]
b) Vorlage betr. des Ständehausneubaues.[2]
„ 1903/04: Ständehausneubaudeputation.[3]

Der Vollständigkeit halber seien hier auch erwähnt die drei unerledigt gebliebenen Anträge:

Landtag 1869/70: Auf Niedersetzung einer Zwischendeputation zur Vorbereitung einer dem nächsten Landtage vorzulegenden Vorlage betr. Reorganisation der Verwaltung.[4]
„ 1871/73: Der außerordentlichen Geschäftsordnungsdeputation auf ihre Einberufung als Zwischendeputation.[5]
„ 1903/04: Auf Niedersetzung einer Zwischendeputation für den Gesetzentwurf über Neuordnung der Gemeindesteueranlagen.[6]

Diese Zusammenstellung ist für uns in verschiedenen Beziehungen lehrreich.

Einmal läßt sie uns erkennen, daß das Institut der Zwischendeputationen im ständischen Leben Sachsens eine nicht unbedeutende Rolle gespielt hat. Besonders in den ersten vier Dezennien nach Errichtung der Verfassung ist fast kein Landtag vorübergegangen, auf dem es nicht für die Zwischenzeit bis zum nächsten Landtage zur Ernennung einer oder mehrerer Zwischendeputationen gekommen ist. In der Folgezeit sind allerdings — und dies aus leicht erkennbaren, unten näher zu berührenden Gründen — die Anwendungsfälle des § 114 seltenere geworden. Aber gerade in neuester Zeit sind wieder zu verschiedenen Malen Zwischendeputationen eingesetzt worden.

---

[1] L.A. 1899/00 Dekrete 3. Bd. No. 27, 48.

[2] Gemeinsame Deputation. L.A. 1899/00 Dekrete 3. Bd. No. 47. Vgl. unten S. 43.

[3] Gemeinsame Deputation. L.A. 1903/04 M. II. K. S. 1800.

[4] L.A. 1969/70 III. Abt. S. 374. M. II. K. S. 1710 ff.

[5] L.A. 1871/73 III. Abt. S. 557 ff. M. II. K. S. 2536 ff.

[6] L.A. 1903/04 M. II. K. S. 1031 ff.

Sodann läßt uns diese Zusammenstellung erkennen, daß nur in den wenigsten — zusammen fünf[1] — Fällen die Zwischendeputationen in der Form gemeinsamer Deputationen zur Einsetzung gekommen sind. Die regelmäßige Form ist vielmehr die gesonderter Deputationen. Es sind also — vorausgesetzt, daß der Unterschied in den Formen auch wirklich gemäß L.O. § 34 Abs. 2[2] seinen Grund in der Art der den Zwischendeputationen zur Erledigung überwiesenen Aufgaben hat — hauptsächlich Zwischendeputationen zur Vorbereitung von Beratungsgegenständen eingesetzt worden. Nur hinsichtlich dieses Teiles des für die Zwischendeputationen vorgesehenen Wirkungskreises haben diese also umfassende Verwendung gefunden. Als mit der Ausführung von Beschlüssen in ständischen Angelegenheiten betraut können dagegen höchstens fünf der ernannten Deputationen in Frage kommen.

Betrachten wir nun die den gesonderten Zwischendeputationen zur Vorbereitung überwiesenen Beratungsgegenstände, so finden wir, daß die Praxis sich hinsichtlich der Auslegung des Ausdrucks „Beratungsgegenstände" auf denselben Standpunkt gestellt hat, den unsere obigen Ausführungen eingenommen haben. Gegenstände jeder Art, wie sie nur der Beratung und Beschlußfassung der Ständeversammlung unterliegen, finden wir in der Zusammenstellung enthalten. Das Institut des § 114 hat in dieser Beziehung also eine sehr vielseitige Verwendung gefunden. In der Mehrzahl der Anwendungsfälle sind es aber Gesetzgebungsgegenstände gewesen, die den Zwischendeputationen zur Vorbereitung überwiesen worden sind. Ein näheres Eingehen auf die einzelnen Fälle erübrigt sich.

Dagegen sind einer kurzen Betrachtung zu unterziehen die fünf Fälle, wo Zwischendeputationen — wenn anders die erwähnten gemeinsamen Deputationen gegründeterweise in dieser Form zur Einsetzung gekommen sind — die Ausführung von Beschlüssen in ständischen Angelegenheiten übertragen worden

---

[1] Vgl. in der Zusammenstellung Landtage 1836/37, 1845/46, 1895/96, 1899/00, 1903/04.

[2] bezw. (für die frühere Zeit in Betracht kommend) L.O. I § 148 und Dekret vom 11. Oktober 1834 sub 2.

ist. Vergegenwärtigen wir uns, welche Aufgaben diesen Deputationen in den einzelnen Fällen zugewiesen waren.

Die beiden ersten Fälle, vorgekommen auf den Landtagen 1836/37 und 1845/46, sind durchaus gleich. Beide Male wurden gemeinsame Zwischendeputationen ernannt, um für Gesetze zusammen mit der Regierung die endgültige Redaktion vorzunehmen. In beiden Fällen waren die betr. Gesetze von den Kammern durchberaten und die verfassungsgemäße Zustimmung zu deren Publikation erteilt. Bevor diese erfolgen konnte, war aber noch eine Nachprüfung vorzunehmen, inwieweit die von der Ständeversammlung betr. einzelner Bestimmungen dieser Gesetze gefaßten Abänderungsbeschlüsse anderweit innerhalb der Gesetze kleine materielle oder redaktionelle Änderungen notwendig machten. Diese Nachprüfung und die Vornahme der sich etwa als notwendig herausstellenden Änderungen war die Aufgabe der erwähnten beiden gemeinsamen Zwischendeputationen. Regierung und Ständeversammlung stellten sich dabei auf den Standpunkt, daß in Übertragung dieser Aufgabe an Zwischendeputationen kein Verstoß gegen die Bestimmung von V.U. § 79 Abs. 2, wonach vor die Ständeversammlung gehörende Angelegenheiten in keinem Falle zur Erledigung an einzelne ständische Korporationen gebracht werden dürfen, gelegen sei. Die Ständeversammlung erachtete es als eine Angelegenheit internen Charakters, wem es überlassen würde, den von ihr beratenen und angenommenen Gesetzen eine Redaktion gemäß der von ihr gefaßten Beschlüsse zu geben. In anderen Fällen hat die Ständeversammlung ja sogar die endgültige Redaktion angenommener Gesetze der Regierung allein überlassen.[1]

Man kann also von beiden Zwischendeputationen behaupten, daß sie, wenn sie auch nicht einen ständischen Willen unmittelbar zur Geltung zu bringen imstande waren, doch in Ausführung ständischer Beschlüsse tätig waren.

Etwas anders liegt der Fall bezüglich der anderen, auf den Landtagen 1895/96, 1899/00 und 1903/04 ernannten, gemeinsamen Zwischendeputationen. Auch diese haben etwas Gemeinsames.

[1] Opitz a. a. O. S. 94 Anm. 15.

Vergegenwärtigen wir uns, welche die Aufgaben dieser Deputationen waren.

Im Jahre 1896 wurde in dem Vereinigungsverfahren der beiden Kammern in Angelegenheiten des Ständehausneubaues beschlossen, daß eine gemeinsame Zwischendeputation ernannt werden solle, „mit deren Einverständnis die Königliche Staatsregierung unter Zugrundelegung der nachgeprüften Pläne die definitiven Baupläne festsetzen und über den Zeitpunkt des Beginns des Baues befinden wird.“ Auf den Landtagen 1899/00 und 1903/04 wurden dann weitere gemeinsame Zwischendeputationen in Angelegenheiten des Ständehausneubaues ernannt „zur Entscheidung über wichtige Fragen des Neubaues, insbesondere über die Ausgestaltung des inneren und äußeren Ausbaues“. Diese Zwischendeputationen waren demgemäß in der Lage, einen ständischen Willen unmittelbar zur Geltung zu bringen. Sie waren zu einer Exekutive auf Grund von der Ständeversammlung erhaltenen Mandats befähigt, weil ihre Exekutive sich richtete auf innere Angelegenheiten der Ständeversammlung, die diese selbst und nur sie angingen, auf Angelegenheiten, die die ständische Einrichtung selbst betrafen. Diese beiden letzten Anwendungsfälle des § 114 sind die besten Beispiele für die Tatsache, daß den Ständen sehr wohl in gewissem Umfange eine Exekutive zustehen kann.

§ 8.

Die Beendigung ihrer Tätigkeit.

Die Beendigung der Tätigkeit und damit das Erlöschen des Mandats der Zwischendeputationen wird bei den gemeinsamen Deputationen der beiden Kammern regelmäßig mit der Vollendung der Ausführung des ihnen übertragenen Beschlusses in ständischen Angelegenheiten zusammenfallen. Eine Berichterstattung in der Ständeversammlung wird sich wohl in den meisten Fällen erübrigen. L.O. I sah aber ausdrücklich eine Berichterstattung der gemeinsamen Deputationen vor und bestimmte in § 149 Abs. 4 betr. dieser, daß sie in jeder Kammer durch eins der aus ihrer Mitte ernannten Zwischendeputationsmitglieder erfolgen solle. Die L.O. enthält keine besondere Bestimmung in dieser Beziehung. Vorkommendenfalls wird in entsprechender Weise zu verfahren sein.

Bei den gesonderten Deputationen tritt dagegen eine Beendigung ihrer Tätigkeit regelmäßig nicht schon mit der Beendigung der „Vorbereitung“ der ihnen überwiesenen Beratungsgegenstände ein. Diesen Deputationen obliegt regelmäßig die Pflicht der Berichterstattung. L.O. § 35 Abs. 3 bestimmt: „Die von jeder Kammer besonders ernannten Zwischendeputationen haben eine jede in ihrer Kammer nach deren Wiederzusammentritt über die ihnen überwiesenen Beratungsgegenstände zugleich für die Kammerverhandlungen die Berichterstattung.“ Und zwar haben sie wegen des regelmäßig bedeutenden Umfangs der in Betracht kommenden Beratungsgegenstände stets — L.O. § 15 Abs. 2 schreibt dies bez. gewöhnlicher Deputationen nur als Regelfall vor — die Pflicht schriftlicher Berichterstattung. Die von ihnen fertig gestellten Berichte sind, dafern nicht inzwischen der Landtag einberufen worden ist (müßte wohl besser heißen: dafern nicht inzwischen die Stände wieder zusammengetreten sind), an das Gesamtministerium zu übergeben, das den Druck — entsprechend L.O. § 26 Abs. 1 — und die Verteilung an die Kammermitglieder anordnen wird (L.O. § 35 Abs. 2). Die Deputation derjenigen Kammer, in welcher die Vorlage zuletzt beraten wird, hat über die bei der Beratung in der anderen Kammer gefaßten Beschlüsse einen Nachbericht zu geben. (L.O. § 35 Abs. 4.)

Die Vorschriften, die die L.O. über die Berichterstattung der Zwischendeputationen enthält, erscheinen in Hinsicht auf die Auslegung, die dem § 114 von der neueren Praxis gegeben wird und auf deren Boden auch die L.O. selbst zu stehen scheint, zum größten Teile überflüssig, weil nur Selbstverständliches enthaltend. Denn die hier vorgeschriebene Pflicht der Bericht- und Nachberichterstattung ist dieselbe, wie sie für die gewöhnlichen Deputationen besteht. Dieselben Bestimmungen trafen das Dekret vom 11. Oktober 1834 sub 10., 13., und L.O. I §§ 150, 154. Aus welchem Grunde, das wird uns verständlich, wenn wir die Auslegung ins Auge fassen, die früher dem § 114 zuteil wurde.

Die neuere Praxis hat kein Gewicht auf die Ausdruckweise

des § 114 gelegt, wenn dort Zwischendeputationen zu „Vorbereitung" von Beratungsgegenständen vorgesehen werden. Der Ausdruck „Vorbereitung" ist von der neueren Praxis in derselben Weise aufgefaßt worden, als wenn die V.U. hier den ihr sonst zur Bezeichnung der Tätigkeit von Deputationen geläufigen Ausdruck „Erörterung"[1] gebraucht hätte. Im Gegensatz dazu ist sich die frühere Praxis stets dessen bewußt gewesen, daß die V.U. den Ausdruck „Vorbereitung" in § 114 in besonderer Bedeutung gebraucht hat, und zwar in derselben Bedeutung wie andere Verfassungen, wenn diese den ständischen Ausschüssen die Befugnis zuweisen, eine „Vorbereitung" bestimmter Gegenstände vorzunehmen.

Den ständischen bezw. Landtagsausschüssen ist, wie bereits erwähnt[2], von einer Reihe deutscher Verfassungsurkunden die Befugnis zugesprochen, sich auf bestimmte Gegenstände in vorbereitender Weise einzulassen, d. h. Vorlagen, die von der Regierung in der Zeit, wo die Volksvertretungen in pleno nicht versammelt sind, fertiggestellt und den Ausschüssen übergeben werden, einer vorläufigen Erörterung zu unterziehen. Diese vorläufige Erörterung soll aber keineswegs den Zweck haben, eine spätere Beratung dieser Gegenstände durch Deputationen bezw. Kommissionen zu ersetzen. Die Tätigkeit der ständischen Ausschüsse hinsichtlich solcher Vorlagen soll nur eine vorläufige, rein vorbereitende sein. Übrigens werden sich wohl nirgends mehr die ständischen Ausschüsse einer solchen „Vorbereitung" bestimmter Gegenstände unterziehen.[3]

Es ist schon oben des Näheren darüber gesprochen worden, daß die V.U. augenscheinlich an diese den ständischen Ausschüssen vielfach zustehende Befugnis angeknüpft hat, wenn sie die Möglichkeit einer „Vorbereitung" von Beratungsgegenständen durch Zwischendeputationen ins Auge faßt. Die Beratungsgegenstände waren auch hier nur als solche gedacht, die zur Zeit der Ernennung

[1] Vgl. V.U. §§ 123, 130.

[2] S. oben S. 6.

[3] Außer Übung wenigstens in Württemberg. Gaupp a. a. O. S. 117; Sarwey a. a. O. S. 233; v. Mohl, Politik S. 352 ff. Vgl. auch v. Mohl, Das Staatsr. d. K. Württ. I. S. 752.

von Zwischendeputationen der Ständeversammlung noch nicht vorliegen, deren Fertigstellung im Entwurf in der Zwischenzeit bis zum nächsten Landtage und Einbringung an diesen aber in sicherer Aussicht steht. Damit diese Vorlagen auf diesem aber eine schnelle Erledigung finden können, sollen sie schon vorher der Vorbereitung von Zwischendeputationen unterliegen, damit sie schon bei Beginn des Landtags in einer Form vorliegen, in der die ständischen Wünsche bereits Ausdruck gefunden haben. Es wird dadurch auch bei schwierigen und umfangreichen Gegenständen eine schnellere Erledigung sich möglich machen.

Die frühere Praxis ist sich auch dessen bewußt gewesen, daß der Ausdruck „Vorbereitung“ von § 114 in besonderer Bedeutung gebraucht wird. Die den ernannten Zwischendeputationen überwiesenen Beratungsgegenstände sind ausnahmslos solche gewesen, die der Ständeversammlung zur Zeit der Ernennung der Deputationen noch nicht vorlagen, deren Fertigstellung im Entwurf in der Zwischenzeit bis zum nächsten Landtage und Einbringung an diesen aber in sicherer Aussicht stand. Lagen ausnahmsweise die betr. Beratungsgegenstände bereits vor, so zog, sobald die Ernennung von Zwischendeputationen für sie beschlossen und genehmigt war, die Regierung die betr. Vorlagen zurück, um sie dann den Zwischendeputationen bei deren Zusammentritt neu zu übergeben.

Ursprünglich war augenscheinlich auch nicht beabsichtigt, daß durch die Tätigkeit der Zwischendeputationen eine spätere Erörterung der betr. Beratungsgegenstände durch gewöhnliche Deputationen überflüssig gemacht werden sollte. Die Tätigkeit der Zwischendeputationen sollte vielmehr nur eine vorläufige, rein vorbereitende sein. Auf diesem Standpunkt steht auch die prov. L.O. Sie läßt noch nicht erkennen, daß die Zwischendeputationen zugleich die „ordentlichen“ Deputationen für die betr. Beratungsgegenstände während der Plenarberatungen sein sollten. Dies war schon deshalb unmöglich, weil, wie wir gesehen haben, die prov. L.O. die Zwischendeputationen nur in der Form gemeinsamer Deputationen der beiden Kammern vorsieht. Auf einen anderen Standpunkt stellte sich aber aus Utilitätsrücksichten schon das Dekret vom 11. Oktober 1834. Es schrieb für die Zwischendeputationen die Pflicht der Bericht- und Nachberichterstattung vor und betonte auch ausdrücklich, daß diese hinsichtlich der ihnen überwiesenen Beratungsgegenstände zugleich die Deputationen während der künftigen Ständeversammlung darstellen sollten.[1] Dasselbe tat die L.O. I.[2]

Die L.O. enthält keine derartigen besonderen Bestimmungen mehr. Aber auch sie schreibt noch den Zwischendeputationen ausdrücklich die Pflicht der Bericht- und Nachberichterstattung vor. Warum sie dies tut, was zuerst, besonders mit Rücksicht auf die durch die neuere Praxis dem § 114 gegebene Auslegung[3], überflüssig erschien, haben unsere vorstehenden Ausführungen gezeigt. —

Nicht hören also die Zwischendeputationen in dem Augenblick als Kollegium zu existieren auf, wo die Ständeversammlung wieder zusammentritt. Die ständischen bezw. Landtagsausschüsse haben zwar auch regelmäßig die Pflicht der Berichterstattung. Als Kollegium zu existieren hören sie aber mit dem Augenblick des Zusammentritts der Volksvertretungen auf. Diese Endigung ihrer Existenz ergibt sich mit Notwendigkeit aus ihrem repräsentativen Charakter. Hinsichtlich der Zwischendeputationen ist aber anzunehmen — auf diesem Standpunkt stand, wie erwähnt, schon das Dekret vom 11. Oktober 1834 —, daß der Zusammentritt der Ständeversammlung auf ihre Existenz als Kollegium keine Wirkung hat. Mit dem Augenblick des Zusammentritts der Ständeversammlung nehmen sie vielmehr den Charakter gewöhnlicher, „außerordentlicher“ Deputationen an. Sie bilden hinsichtlich der ihnen zur Vorbereitung überwiesenen Beratungsgegenstände zugleich die Deputationen während der Plenarberatungen. Soweit also von Zwischendeputationen vorbereitete Beratungsgegenstände notwendigerweise[4] einer Erörterung durch Deputationen unterworfen werden müssen, brauchen nicht neue Deputationen dazu gewählt zu werden. Im Falle eines Vereinigungsverfahrens[5] treten die Mitglieder der früheren Zwischen-

---

[1] Dekret vom 11. Oktober 1834 sub 15., 16.

[2] L.O. I. § 150 Abs. 2 und 4.

[3] Vgl. auch unten S. 49.

[4] Gemäß V.U. § 130, LO. § 15 Abs. 1 sub b).

[5] VU. § 131.

deputationen unter Beobachtung der Vorschriften von L.O. § 33 Abs. 5 zu der gemeinschaftlichen Vereinigungsdeputation zusammen. Nach allen Richtungen hin haben nach Wiederzusammentritt der Ständeversammlung die Zwischendeputationen hinsichtlich der ihnen zur Vorbereitung überwiesenen Beratungsgegenstände die Stellung gewöhnlicher „außerordentlicher" Deputationen.

Des näheren auf die Berichterstattung der Zwischendeputationen und ihre weitere Tätigkeit nach Wiederzusammentritt der Ständeversammlung einzugehen, erübrigt sich. Zu erwähnen ist nur noch die Vorschrift von L.O. § 35 Abs. 4, wonach das Gesamtministerium darüber, welche Kammer mit der Beratung der von den Zwischendeputationen vorbereiteten Gegenstände beginnen soll, durch Königliches Dekret Bestimmung trifft.[1] Auch diese Vorschrift ist nicht recht verständlich in den Fällen, wo — wie in neuerer Zeit des öfteren — solche Gegenstände an Zwischendeputationen überwiesen worden sind, die zur Zeit der Ernennung dieser der Ständeversammlung bereits vorlagen, wo also statt einer Überweisung an die ordentlichen bezw. an außerordentliche Deputationen eine solche an Zwischendeputationen erfolgt ist. Denn bei diesen Gegenständen war es schon vor der Ernennung der Zwischendeputationen bestimmt, welche Kammer sich grundsätzlich zuerst ihrer Beratung unterziehen sollte. Hier neuerlich durch Königliches Dekret gemäß L.O. § 35 Abs. 4 Bestimmung zu treffen, wäre durchaus überflüssig. Die Bestimmung von L.O. § 35 Abs. 4 ist vielmehr nur in Rücksicht auf die Fälle getroffen worden, wo Zwischendeputationen für solche Beratungsgegenstände eingesetzt werden, die der Ständeversammlung zur Zeit der Ernennung der Deputationen noch nicht vorliegen. Bei diesen Gegenständen erfolgt also nicht schon bei deren Übergabe an die Zwischendeputationen, sondern erst nach Wiederzusammentritt der Ständeversammlung die Bestimmung, welche Kammer mit deren Beratung beginnen soll. —

Es wurde schon mehrfach angedeutet, daß von der neueren Praxis nicht mehr die nötige Betonung darauf gelegt worden ist,

---

[1] Naturgemäß unter Berücksichtigung der Vorschrift von V.U. § 122.

daß in § 114 eine „Vorbereitung" von Beratungsgegenständen durch Zwischendeputationen vorgesehen wird. Einige Bemerkungen in dieser Beziehung mögen hier eingeschaltet werden.

Es sind in neuerer Zeit mehrfach Gegenstände, die der Ständeversammlung bereits vorlagen und in Angriff genommen waren, zur „Erörterung" an Zwischendeputationen gewiesen worden. Und es sind auch in einzelnen Fällen gewöhnliche — ordentliche oder außerordentliche — Deputationen der Kammern „als Zwischendeputationen einberufen" worden. Ein Fall der letztgedachten Art wurde oben[1] schon erwähnt.

Wir haben gesehen, daß diese Anwendungsfälle des § 114 als auf einer ungenauen Auslegung des Ausdrucks „Vorbereitung" beruhend anzusehen sind. Daß man diese in manchen Fällen durch praktische Erwägungen rechtfertigen kann, sei unbestritten. Stellung zu nehmen ist aber unbedingt gegen die Praxis, wenn diese auf Grund des § 114 im allgemeinen die Möglichkeit der Weiterarbeit gewöhnlicher Deputationen während der Vertagung der Ständeversammlung herbeizuführen versuchen würde. Denn in diesen Fällen wurde durchaus überflüssigerweise der Bestimmung des § 114 Zwang angetan. Damit die Fortsetzung der Arbeiten gewöhnlicher Deputationen während der Vertagung der Ständeversammlung ermöglicht wird, bedarf es gar nicht der Berufung auf § 114. Die herrschende Meinung hält unter logischer Entwicklung des Begriffs der Vertagung im allgemeinen das Weiterarbeiten von Kommissionen bezw. Deputationen während der Vertagung der Parlamente für durchaus zulässig.[2] L.O. I stellte sich in § 146 auf denselben Standpunkt, indem allerdings hier — und dies durchaus überflüssigerweise — für jeden einzelnen Fall die Königliche Genehmigung betr. der Weiterarbeit der Deputationen verlangt wurde.

Da § 146 L.O. I in die L.O. nicht übernommen wurde, hat es den Anschein, als ob man diese Bestimmung mit Rücksicht auf § 114 V.U. für überflüssig gehalten hätte. Diese von der

[1] Vgl. oben S. 28.

[2] Vgl. LABAND a. a. O. I. S. 318 Anm. 2. Stenographische Berichte des Reichstags 1890. S. 653 ff. Anderer Meinung G. MEYER, Lehrbuch des deutschen Staatsrechts S. 291.

Praxis zur Geltung gebrachte Ansicht ist zu verwerfen. Eine ungenaue Auslegung des § 114 liegt ihr zugrunde. Der erwähnte, auf dem Landtage 1875 vorgekommene Fall der Einberufung dreier ordentlicher Deputationen als Zwischendeputationen zeigt deutlich, wie sehr in solchen Fällen den Bestimmungen der L.O. Zwang angetan wird.[1] Im einzelnen sei auf die bisherigen Ausführungen verwiesen.

Eine Beendigung der Tätigkeit der Zwischendeputationen und Erlöschen ihres Mandats kann ferner außerordentlicherweise eintreten durch ihre Auflösung. Allerdings kann jetzt nicht mehr, wie nach L.O. I § 154 Abs. 1, der König die Zwischendeputationen jederzeit auflösen. Diese Bestimmung stand auch nicht in richtigem Verhältnis zu dem rechtlichen Charakter der Zwischendeputationen. Das gleiche wurde schon bez. anderer Bestimmungen der L.O. ausgeführt. Bei der Darstellung des rechtlichen Charakters der Zwischendeputationen soll darauf mit kurzen Worten im allgemeinen zurückgekommen werden.

Eine Auflösung der Zwischendeputationen kann jetzt nur noch eintreten durch die Auflösung der zweiten Kammer, und zwar enthält diese nach L.O. § 35 Abs. 5 stets die Auflösung der gemeinsamen und derjenigen Zwischendeputationen, die der zweiten Kammer angehören. Auch diese Vorschrift der L.O. schließt sich nicht völlig an die entsprechende der L.O. I an. L.O. I § 154 Abs. 2 bestimmte vielmehr weitergehend, daß durch die Auflösung der zweiten Kammer sowohl die gemeinsamen sowie auch durchweg die von jeder Kammer besonders gewählten Zwischendeputationen aufgelöst werden sollten.

Die veränderte Bestimmung von L.O. § 35 Abs. 5 ist anscheinend entscheidend beeinflußt worden durch die Vorschrift von V.U. § 116, wonach durch die Auflösung der zweiten Kammer die erste nur „vertagt“ werden soll. Man ist anscheinend zu der Ansicht gekommen, daß es der Vorschrift V.U. § 116 widersprechen würde, wenn als Folge der Auflösung der zweiten Kammer eine Auflösung der Zwischendeputationen der — dadurch nur „ver-

---

[1] Vgl. L.A. 1875/76 Königl. Dekrete 3. Bd. S. 151. Oben S. 28.

tagten" — ersten Kammer vorgeschrieben würde. Deshalb sieht die L.O. für diesen Fall nur die Auflösung der der zweiten Kammer angehörenden Zwischendeputationen vor.

Die L.O. hat sich hiermit auf einen durchaus falschen Standpunkt gestellt.

Darüber kann kein Zweifel entstehen, daß eine Weiterarbeit der Zwischendeputationen der ersten Kammer nach geschehener Auflösung der der zweiten Kammer angehörenden Deputationen unmöglich ist. Ebenso wie die Ernennung von Zwischendeputationen nur stattfinden kann auf Grund übereinstimmenden Beschlusses beider Kammern, ist die Tätigkeit einer Zwischendeputation nur möglich bei gleichzeitiger Existenz der der anderen Kammer angehörenden Deputation. Überhaupt kann nicht eine Zwischendeputation ohne die der anderen Kammer angehörende als Kollegium existieren und muß daher durch Fortfall dieser anderen ebenfalls ihr Mandat erlöschen und sie von der Auflösung betroffen werden.

Diese Ansicht steht auch nicht, wie anscheinend angenommen wurde, in Widerspruch zu dem von V.U. § 116 ausgesprochenem Prinzipe. Es ist ein allgemein anerkannter staatsrechtlicher Satz, daß die Auflösung der zweiten Kammer Schluß der Session auch für die andere, von der Auflösung an sich nicht betroffene, bewirkt. Denn nach den Grundsätzen des Zweikammersystems gibt es nur Sessionen des ganzen Landtags, nicht der einzelnen Kammern. Es kann überhaupt eine der Kammern nicht ohne die andere als Kollegium existieren. Daher kommt mit der Auflösung der zweiten Kammer das sog. Prinzip der Diskontinuität der Parlamente zur Anwendung. Auch die Geschäfte der ersten Kammer müssen bei Auflösung der zweiten abgebrochen werden, und beim Wiederzusammentritt der Ständeversammlung beginnt ein neuer Landtag.[1] Wenn in einzelnen Verfassungen — so außer V.U. § 116 auch Preußen Art. 77 — als Folge der Auflösung der zweiten Kammer bestimmt ist, daß die andere dadurch „vertagt" wird, so ist auf Grund einer solchen etwas

[1] Vgl. Schulze, Lehrbuch des deutschen Staatsrechts I S. 497. G. Meyer a. a. O. S. 292. Ebenda (Anm. 13) weitere Literaturnachweisungen.

schiefen Ausdrucksweise nicht von dem eben aufgestellten Grundsatze abzuweichen.[1]

Der nach Auflösung der zweiten Kammer und erfolgten Neuwahlen deren Mitglieder zusammentretende Landtag ist also als ein neuer anzusehen. Dementsprechend wird auch, trotzdem nach V.U. § 116 durch die Auflösung der zweiten Kammer die erste nur „vertagt" wird, angenommen werden müssen, daß die innere Organisation der ersten Kammer durch die Auflösung der zweiten vernichtet wird. Alle in der ersten Kammer vorgenommenen Wahlen — ebenso wie auch die gemäß V.U. § 67 Abs. 1 durch den König vorgenommene Ernennung ihrer Präsidenten — verlieren bei Auflösung der zweiten Kammer ihre Gültigkeit. Auch die erste Kammer muß sich bei Wiederzusammentritt der Ständeversammlung neu organisieren.[2]

Wenn auch gerade insoweit die Wahlen der Zwischendeputationsmitglieder in Frage kommen, hier ausnahmsweise die mit der Schließung der Ständeversammlung verbundenen Wirkungen auf das Maß zurückgeführt werden, welches sonst denen der Vertagung der Ständeversammlung zukommt, die Wahlen also durch die Schließung der Ständeversammlung ihre Gültigkeit nicht verlieren, so gilt dies doch nur, wenn Zwischendeputationen beider Kammern existieren. Wenn die der zweiten Kammer angehörigen Zwischendeputationen der Auflösung anheimgefallen sind, werden, da die Deputationen der ersten Kammer als Kollegium nicht mehr in Betracht kommen können, auch bezüglich der in diese vorgenommenen Wahlen alle mit der Schließung der Ständeversammlung verbundenen Wirkungen eintreten, die Wahlen also ihre Gültigkeit verlieren. Von der durch die Auflösung der zweiten Kammer eintretenden Vernichtung der Organisation der ersten Kammer werden also auch deren Zwischendeputationen betroffen. —

Wir ersehen aus diesen Ausführungen, daß die Vorschriften der L.O. über die Auflösung der Zwischendeputationen sich zum Teil auf einen falschen Standpunkt stellen. Man kann diese

---

[1] So Meyer a. a. O. Vgl. auch Fricker a. a. O. S. 142. Opitz a. a. O. S. 176.

[2] Ebenso Fricker a. a. O. S. 143.

Vorschriften überhaupt als überflüssig bezeichnen. Denn da durch die Auflösung der zweiten Kammer das Mandat ihrer Mitglieder erlischt, können diese — mangels besonderer, dies ausdrücklich gestattender Bestimmungen der V.U. — auch als Mitglieder von Zwischendeputationen nicht mehr tätig werden. Die V.U. enthält keinen dahingehenden Vorbehalt, daß im Fall der Auflösung der zweiten Kammer deren in Zwischendeputationen gewählten Mitglieder, insoweit die Tätigkeit in diesen in Betracht kommt, ihre ständische Mitgliedschaft behalten. Mit der Auflösung der zweiten Kammer tritt daher ipso iure die Auflösung der gemeinsamen sowie der Zwischendeputationen der zweiten Kammer ein, und diese zieht dann, wie wir gesehen haben, die Auflösung auch der Deputationen der ersten Kammer nach sich. —

Es kann schließlich eine Unterbrechung der Tätigkeit der Zwischendeputationen eintreten durch ihre Vertagung. L.O. § 35 Abs. 5 bestimmt, daß sie befugt sind, sich auch vor Beendigung des ihnen übertragenen Geschäfts zu vertagen, daß sie auch jederzeit vom König vertagt werden können. Diese Vorschrift bringt in ihrer ersten Hälfte lediglich Selbstverständliches zum Ausdruck. Ein Selbstvertagungsrecht der Zwischendeputationen ist selbstverständlich auf Grund des den Ständen in gewissem Umfange zustehenden Selbstbestimmungsrechtes über ihre Organisation und Geschäftsbehandlung. Die Ständeversammlung brachte dies schon anläßlich des ersten Anwendungsfalles des § 114 in der, die Antwort auf das mehrerwähnte Dekret vom 11. Oktober 1834 enthaltenden, ständischen Schrift zum Ausdruck.[1] In ihrer zweiten Hälfte steht die Vorschrift von L.O. § 35 Abs. 5 nicht in richtigem Verhältnis zu dem rechtlichen Charakter der Zwischendeputationen. Dazu näheres unten.

§ 9.

Der rechtliche Charakter der Zwischendeputationen.

Bei der Betrachtung des rechtlichen Charakters der Zwischendeputationen empfiehlt es sich, dieses Institut zu vergleichen mit

[1] L.A. 1833/34 I. Abt. 4. Bd. S. 479.

den „ständischen Ausschüssen", wie sie von einer Reihe deutscher Landesverfassungen vorgesehen sind. Es ist oben schon darauf hingewiesen worden, daß die sog. ständischen Ausschüsse unter Geltung der alten landständischen Verfassungen sich zu ungemein wichtigen und machtvollen Faktoren des staatlichen Organismus herausgebildet hatten, weshalb für ihre Übernahme in die modernen repräsentativen Verfassungen vielfach lebhaft gekämpft wurde. So auch bei den sächsischen Verfassungsberatungen, hier aber ohne Erfolg. Oben ist aber auch schon darauf hingewiesen worden, daß das Institut der Zwischendeputationen augenscheinlich in einer gewissen inneren Verwandtschaft zu den ständischen Ausschüssen steht, indem es, wenn auch in Beziehung auf seine Gestaltung eine originale Schöpfung der V.U. darstellend, bezüglich des ihm zugewiesenen Wirkungskreises an die ständischen Ausschüsse anknüpft.

Legt uns diese innere Verwandtschaft beider Institute einen Vergleich zwischen ihnen nach den verschiedensten Richtungen hin nahe, so empfiehlt sich gerade hier, wo wir vor der Untersuchung des rechtlichen Charakters der Zwischendeputationen stehen, eine Gegenüberstellung mit den ständischen Ausschüssen, weil in dieser Beziehung beide Institute in einem scharfen Gegensatz zueinander stehen, dessen Herausarbeitung und Betonung uns bei unserer Aufgabe von Nutzen sein wird.

Die ständischen Ausschüsse, wie sie uns in einer Reihe deutscher Landesverfassungen entgegentreten[1], haben durchweg einen, teils mehr, teils weniger stark betonten, repräsentativen Charakter. Sie stellen zwischen den einzelnen Landtagen eine „Volksrepräsentation" dar. Sie erscheinen „als Stellvertreter der Stände für diejenigen Geschäfte, deren Besorgung von einem Landtage zum andern zur ununterbrochenen Wirksamkeit der Repräsentation des Landes notwendig ist."[2] Dabei ist ihr Wirkungskreis von den einzelnen Verfassungen verschieden umgrenzt. In manchen

---

[1] Vgl. vor allem Württemberg §§ 187—192, Baden § 51. Eine Zusammenstellung der übrigen Verweisungen bei G. Meyer a. a. O. S. 293 Anm. 15.

[2] So Württemberg § 187. Ebenso im allgemeinen in den übrigen Verfassungen, die ständische Ausschüsse vorsehen.

so, daß der Umfang der Befugnisse, die den Ausschüssen möglicherweise übertragen werden können, genau geregelt ist, also von den Ständen, trotzdem die Ausschüsse als deren Stellvertreter erscheinen, nicht nach den Grundsätzen des Mandats erweitert werden kann.[1] In anderen Verfassungen ist dies dagegen gestattet, in dem dort den ständischen Ausschüssen von der Ständeversammlung deren verfassungsmäßige Rechte für einzelne Fälle im voraus zur interimistischen Wahrung übertragen werden können.[2] Diese Verfassungen, wo der Umfang der den ständischen Ausschüssen regelmäßig zustehenden Befugnisse von den Ständen innerhalb der diesen selbst verfassungsmäßig zustehenden Rechte eine Erweiterung nach den Grundsätzen des Mandats erfahren kann, lehnen sich am stärksten an die alten landständischen Verfassungen und an die Entwicklung an, die unter deren Geltung das Institut der ständischen Ausschüsse genommen hatte.

Der repräsentative Charakter der ständischen Ausschüsse erfährt ferner eine scharfe Ausprägung dadurch, daß sie nicht nur bei jeder Schließung der Ständeversammlung ernannt werden müssen, sondern regelmäßig[3] auch im Falle deren Auflösung, so daß also an keinem Zeitpunkt und unter keiner Voraussetzung die ständische Repräsentation fehlt.

Einen solchen repräsentativen Charakter haben dagegen die Zwischendeputationen des § 114 V.U. nicht. Diese können niemals eine Volksrepräsentation vermitteln.[4] Die Schaffung einer solchen für die Zeit, wo der Landtag nicht versammelt ist, wurde von der Regierung, wie im Laufe der Entstehungsgeschichte des § 114 des näheren ausgeführt, als aus politischen Gründen mit einer repräsentativen Monarchie nicht vereinbar ausdrücklich abgelehnt.[5] § 114 läßt auch über diesen Punkt nicht den ge-

---

[1] Württemberg § 187 und die Mehrzahl der übrigen Verfassungen. Vgl. Gaupp a. a. O. S. 117.

[2] Schwarzburg-Sondershausen § 82, Sachsen-Altenburg § 264 Abs. 2, Braunschweig § 126.

[3] So z. B. Württemberg § 192 Abs. 2, Coburg-Gotha § 95, Schwarzburg-Sondershausen § 73. Anders Baden § 51 Abs. 2, Sachsen-Altenburg § 264 Abs. 2.

[4] Ebenso Fricker a. a. O. S. 141, 158.

[5] Ohne daß hier näher darauf eingegangen werden soll, sei bemerkt,

ringsten Zweifel entstehen. Eine „ununterbrochene Wirksamkeit der Repräsentation des Landes“ kann schon deshalb durch die Zwischendeputationen nicht vermittelt werden, weil es nur in Ausnahmefällen zu ihrer Ernennung kommt. Während die ständischen Ausschüsse regelmäßig, bei jeder Verabschiedung der betr. Volksvertretung verfassungsgemäß, ohne daß ein besonderer dahingehender Beschluß nötig wäre, ernannt werden, erfordert die Ernennung von Zwischendeputationen in jedem einzelnen Falle einen dahingehenden Beschluß der Ständeversammlung und die jedesmal einzuholende Königliche Genehmigung. Und wenn es im einzelnen Falle zur Einsetzung von Zwischendeputationen kommt, so werden ihnen die zu erledigenden Aufgaben bei der Einsetzung zugewiesen und nur mit diesen dürfen sie sich beschäftigen. Diese Aufgaben aber, die ihnen verfassungsgemäß übertragen werden können, sind solche, daß die Beschäftigung mit ihnen unmöglich die Wirkung der Vermittlung ununterbrochener ständischer Repräsentation haben kann. Denn nur die vorbereitende Einlassung auf Beratungsgegenstände sowie die Ausführung von Beschlüssen, die lediglich innere Angelegenheiten der Ständeversammlung betreffen, kann den Zwischendeputationen überwiesen werden.

Wir kommen zu dem Schluß, daß der rechtliche Charakter der Zwischendeputationen sich in keiner Weise von dem anderer, für die Zeit, wo die Stände selbst versammelt sind, ernannter Deputationen unterscheidet. Auch die Zwischendeputationen stellen sich lediglich als Einrichtungen dar, die eine Erleichterung der Geschäftsbehandlung der Ständeversammlung herbeiführen, wie eine aus den verschiedensten Gründen wünschenswerte Abkürzung der Landtage bewirken sollen. Nach der Auslegung, welche die Praxis von Anfang an dem § 114 gegeben hat, sind die Zwischendeputationen als nach allen Richtungen hin gleichstehend mit den gewöhnlichen „außerordentlichen“ Deputationen anzusehen, nur daß sie ihre Tätigkeit schon in der Zwischenzeit von einem Landtage zum andern bezw. während der Vertagung der Ständeversammlung beginnen bezw. fortsetzen können. Nur

daß der ständische Ausschuß zu Verwaltung der Staatsschulden ebensowenig Repräsentation hat. Vgl. Fricker a. a. O. S. 141, 158.

eine Verkennung ihres rechtlichen Charakters hat dazu geführt, daß ihnen von den früheren Landtagsordnungen zuviel Wichtigkeit beigelegt und sehr ausführliche Bestimmungen über sie erlassen wurden. Auch die jetzige Landtagsordnung enthält ja, worauf im einzelnen bereits hingewiesen wurde, eine Anzahl von Bestimmungen, die teils als überflüssig, da mit Hinsicht auf den rechtlichen Charakter der Zwischendeputationen selbstverständlich, teils als auf einer Verkennung und Überschätzung des Instituts des § 114 beruhend anzusehen sind.

In einer Beziehung ist allerdings die Einsetzung von Zwischendeputationen von besonderer, rechtlich interessanter Wirkung. Insoweit nämlich ihre Ernennung für die Zeit zwischen zwei Landtagen zur „Vorbereitung" von Gegenständen erfolgt, die der Ständeversammlung bereits vorliegen, wird durch die Überweisung dieser Gegenstände an Zwischendeputationen eine Durchbrechung des sogen. Prinzips der Diskontinuität der Parlamente herbeigeführt.

Das Prinzip der Diskontinuität der Landtage ist von der V.U. nicht besonders zum Ausdruck gebracht worden. Es bedarf aber, da es sich hier um einen der Fundamentalsätze der konstitutionellen Doktrin handelt, keinerlei weiterer Ausführungen darüber, daß auch in Sachsen die Schließung des Landtags die Kontinuität der parlamentarischen Tätigkeit zerstört und das Expirieren aller angefangenen Arbeiten bedeutet. Wenn nun aber Zwischendeputationen ernannt werden, um bereits an die Ständeversammlung gebrachte Gegenstände in der Zwischenzeit bis zum nächsten Landtage für die weitere Geschäftsbehandlung vorzubereiten, so werden für diese Gegenstände die mit der Schließung des Landtags verbundenen Wirkungen auf das Maß zurückgeführt, das sonst denen der Vertagung der Ständeversammlung zukommt. Hinsichtlich dieser Gegenstände bleibt die Kontinuität der ständischen Tätigkeit im Falle der Verabschiedung des Landtags unberührt.

Interessant ist auch die Frage, ob die den Zwischendeputationen zur „Vorbereitung" überwiesenen Gegenstände, soweit diese der Ständeversammlung noch nicht vorliegen, sondern erst den Zwischendeputationen bei deren Zusammentritt im Entwurf übergeben werden, in diesem Augenblick der Übergabe als formell an die Ständeversammlung gebracht anzusehen sind. Diese Frage ist zu verneinen. Wenn die Württembergische Praxis ebenso in Beziehung auf die dem ständischen Ausschusse zwecks Vorbereitung übergebenen Gegenstände diese Frage verneinte[1], so ist der dort eingenommene Standpunkt ein zweifelhafter, da dem ständischen Ausschusse repräsentativer Charakter zukommt und er als Stellvertreter der Stände erscheint. Hinsichtlich der Zwischendeputationen, die einen repräsentativen Charakter nicht haben, können Bedenken betr. des oben von uns eingenommenen Standpunktes nicht entstehen. Auf diesem steht auch die L.O. Dies ergibt sich aus der Bestimmung von L.O. § 35 Abs. 4, wonach erst bei Beginn der Berichterstattung der Zwischendeputationen an die Ständeversammlung durch Königliches Dekret darüber Bestimmung getroffen wird, welche Kammer mit der Beratung beginnen soll. Erst in dem Augenblick, wo dies geschieht, sind die betr. Beratungsgegenstände als formell an die Ständeversammlung gebracht anzusehen.

§ 10.

Die praktische Bedeutung des § 114.

Im Laufe unserer Darstellung ist schon verschiedenfach Bedacht darauf genommen worden, den praktischen Wert des Instituts der Zwischendeputationen hervortreten zu lassen. Es soll deshalb zunächst einmal auf die Bedenken hingewiesen werden, die der Anwendung des § 114, und zwar soweit diese ohne zwingende Gründe erfolgt, entgegenstehen.

Vor allem werden die Kosten, die durch die Gewährung der Tagegelder an die Mitglieder der Zwischendeputationen entstehen, bei der sich meist über einen längeren Zeitraum erstreckenden Tätigkeit dieser Deputationen ziemlich bedeutende sein und eine nicht unbeträchtliche Belastung des Staatshaushaltes darstellen. Auf ein zweites Bedenken ist schon oben hin-

[1] Verhandlungen der Württemb. Kammer der Abgeordneten 1824 Heft 5 S. 2 ff. Vgl. v. Mohl, Staatsrecht des Königr. Württemberg I S. 756 Anm. 8, 752.

gewiesen worden, nämlich auf die Schwierigkeit, eine genügende Anzahl tüchtiger und geeigneter Männer in der Ständeversammlung zu finden, mit deren Berufstätigkeit es sich verträgt, wenn sie sich auch noch außer der Zeit der Landtage langdauernden parlamentarischen Arbeiten widmen müssen. Ferner könnte man geltend machen, daß es den Mitgliedern der Zwischendeputationen sehr erschwert ist, über die in den Kammern herrschenden Ansichten Klarheit zu erlangen, da die persönliche Fühlung mit den anderen Mitgliedern der Ständeversammlung unterbrochen ist. Die Zwischendeputationen können daher leicht zu ihren Beschlüssen betr. der einzelnen Fragen als Konsequenzen der die Deputationsmitglieder persönlich beherrschenden Ansichten kommen und sich so in Widerspruch setzen zu der Auffassung der Kammern selbst, da über diese die Mitglieder der Zwischendeputationen nur schwer Klarheit erlangen können. So könnte es leicht kommen, daß langwierige Beratungen der Zwischendeputationen sich nachträglich als nutzlos vorgenommen erweisen, wenn das Plenum sich anderen Ansichten anschließt als die Zwischendeputationen, im Glauben, die Meinung ihrer Kammern hinter sich zu haben, ihren Beratungen zugrunde gelegt haben.

Allerdings bieten die Geschäftsordnungen hiergegen einige Handhaben. So können nach Gesch.O. II. K. § 25 Abs. 2 andere Kammermitglieder den Deputationssitzungen, soweit diese nicht von den Deputationen als vertrauliche bezeichnet werden, als Zuhörer beiwohnen. Auch haben die Deputationen jederzeit das Recht, Kammermitglieder zum Zwecke der Auskunftserteilung zu den Deputationssitzungen einzuladen und sie mit beratender Stimme an den Verhandlungen teilnehmen zu lassen.[1] Schließlich ist auch durch die Aufhebung des § 126 V.U. das dort den Mitgliedern der Ständeversammlung zugestandene Recht, den Deputationen ihre Ansicht über den zu beratenden Gegenstand schriftlich mitzuteilen, nicht in Wegfall gekommen, sondern ihnen auch jetzt noch zuzugestehen.[2]

Demgegenüber soll nun kurz zusammengefaßt werden, was für die Ernennung von Zwischendeputationen spricht.

---

[1] Gesch.O. I. K. § 15 Abs. 2, Gesch.O. II. K. § 25 Abs. 3.

[2] L.A. 1873/74 M. I. K. S. 143 ff. Opitz a. a. O. S. 234 Anm. 1.

Aus der oben gegebenen Zusammenstellung der seit 1831 vorgekommenen Anwendungsfälle des § 114 können wir ersehen, daß es durchweg recht schwierige und umfangreiche Gegenstände waren, die Zwischendeputationen überwiesen worden sind. Ist für solche Gegenstände eine eingehende Behandlung im Plenum völlig undurchführbar, so kann auch die Überweisung an die gewöhnlichen, nur während der Zeit, wo die Stände selbst versammelt sind, tagenden Deputationen bei dem herrschenden Prinzip der Diskontinuität der Landtage einen Ausweg aus allen Schwierigkeiten nicht bieten. Hier bietet einen solchen die Einrichtung des § 114, da die auf Grund dieser Bestimmung ernannten Deputationen auch außer der Zeit des Landtags arbeiten können und da auf Grund des § 114 eine Durchbrechung des Prinzips der Diskontinuität der Landtage herbeigeführt werden kann. Auch andere Volksvertretungen haben in einzelnen Fällen zu dem Aushilfsmittel gegriffen, ihre Kommissionen während der Zwischenzeit zwischen zwei Sitzungsperioden tagen zu lassen, wozu aber dort regelmäßig ein besonderes Gesetz notwendig war. Auf einen solchen Fall aus der Praxis des Reichstags wurde oben[1] schon hingewiesen. Auch in Bayern hat sich zu wiederholten Malen die Notwendigkeit herausgestellt, Kommissionen zur Weiterarbeit zwischen zwei Landtagen zu ermächtigen.[2]

Die Zwischendeputationen stellen sich als eine besonders glückliche Einrichtung ferner deshalb dar, weil sie, wie wir gesehen haben, für Gegenstände ernannt werden können, die im Entwurf noch gar nicht vorliegen, deren Einbringung vielmehr erst an den nächsten Landtag zu erwarten steht. Ist deren möglichst schnelle Erledigung auf diesem geboten, so wird durch die Überweisung solcher Gegenstände an Zwischendeputationen bewirkt, daß sie dem neuen Landtag gleich bei dessen Beginn in einer Form vorliegen, in der die ständischen Wünsche schon Ausdruck gefunden haben, längere Beratungen sich also erübrigen.

Bei der Art und Weise, in der sich die Geschäftsbehandlung

---

[1] Vgl. oben S. 27. Vgl. ferner die Reichsgesetze vom 1. und 20. Februar 1876 (Reichsgesetzblatt 1876 S. 15, 23).

[2] Gesetze vom 9. Aug. 1831, 1. Juli 1834, 12. Mai 1848, 4. Juni 1865. Vgl. Meyer a. a. O. S. 297 Anm. 14.

der modernen Parlamente entwickelt hat, kommt dem Institut des § 114 eine gesteigerte Bedeutung zu. Immer mehr hat sich das Verhältnis zwischen Plenar- und Kommissionsberatungen verschoben. Die Plenarberatungen sind im modernen Parlament nicht mehr die maßgebenden, sondern die Entscheidung fällt in den Kommissionen. Da es einer größeren Versammlung immer schwer fällt, Verbesserungsanträge zu einem Gesetzentwurf zu improvisieren, ist nach und nach die Überweisung fast jeder einigermaßen wichtigen Vorlage an Kommissionen üblich geworden. Diese fällen alle wichtigen Entscheidungen und die Plenarverhandlungen sind in der Hauptsache nur noch dazu da, um die Kommissionen durch die öffentliche Verhandlung vorzubereiten und die Ergebnisse der Kommissionsberatungen in der verfassungsgemäß erforderlichen Weise festzustellen.

In der ersten Zeit nach Beginn der Landtage fehlt daher, wie man regelmäßig beobachten kann, der Stoff, um die Plenarverhandlungen auszufüllen. Durch die Ernennung einer oder mehrerer Zwischendeputationen für die auf dem Landtage zu erwartenden Vorlagen könnte diesem Mangel erfolgreich abgeholfen werden. Dann wäre für die erste Zeit des Landtages genügend viel bereits durch Deputationen erörterter Arbeitsstoff vorhanden, bis zu dessen Aufarbeitung auch die ordentlichen Deputationen ihre Erörterungen abgeschlossen haben würden. Die Zwischendeputationen stellen sich so als eine Einrichtung dar, die vorzüglich geeignet ist, eine möglichste Abkürzung der Landtage herbeizuführen. Und eine solche ist mit allen Mitteln anzustreben. Wenn auch in einem Kleinstaate wie Sachsen die Bildung eines Berufsparlamentariertums nicht zu befürchten ist, so gebieten doch schon finanzielle Rücksichten eine möglichste Abkürzung des Landtags. Und „nur kurze Parlamente machen es möglich, daß alle Berufskreise, und gerade die tüchtigsten und treuesten, in ihrem Berufe sich die Zeit abmüßigen können, daß sie dem Vaterlande auch hier, an dieser Stelle, ihre Dienste leisten können".[1]

[1] Fürst Bismarck im Reichstage (19. April 1891).

Literatur.

v. Römer, Staatsrecht und Statistik des Churfürstenthums Sachsen und der dabey befindlichen Lande. 4 Theile. Halle 1787 ff.

Weisse, Lehrbuch des Königl. Sächs. Staatsrechts. 2 Bde. Leipzig 1824 bis 1827.

Bülau, Darstellung der Verfassung und Verwaltung des Königreichs Sachsen I. Leipzig 1833.

Milhauser, Das Staatsrecht des Königreichs Sachsen. I. Leipzig 1839.

v. Witzleben, Die Entstehung der konstitutionellen Verfassung des Königreichs Sachsen. Leipzig 1881.

Opitz, Das Staatsrecht des Königreichs Sachsen. 2 Bde. Leipzig 1884 bis 1887.

Fricker, Grundriß des Staatsrechts des Königreichs Sachsen. Leipzig 1891.

Fricker und Gessler, Geschichte der Verfassung Württembergs. Stuttgart 1869.

Gaupp, Das Staatsrecht des Königreichs Württemberg. 2. Aufl. Freiburg und Leipzig 1895.

Laband, Das Staatsrecht des Deutschen Reiches. 4. Aufl. Freiburg und Leipzig 1901.

G. Meyer, Lehrbuch des deutschen Staatsrechts. 5. Aufl. Leipzig 1899.

v. Mohl, Das Staatsrecht des Königreichs Württemberg. 2. Aufl. 2 Bde. Tübingen 1840.

Derselbe. Staatsrecht, Völkerrecht und Politik. 3 Bde. Tübingen 1860 bis 1869.

Sarwey, Das Staatsrecht des Königreichs Württemberg. 2 Bde. Tübingen 1883.

Schulze, Lehrbuch des deutschen Staatsrechts. 2 Bde. Leipzig 1881 ff.

Seydel, Kommentar zur Verfassungsurkunde für das Deutsche Reich. 2. Aufl. Freiburg und Leipzig 1897.

Binding, Handbuch des Strafrechts. I. Leipzig 1885.

Frank, Das Strafgesetzbuch für das Deutsche Reich. 3. Aufl. Leipzig 1903.

Olshausen, Kommentar zum Strafgesetzbuch für das Deutsche Reich. 2 Bde. 6. Aufl. Berlin 1900.

Hubrich, Die parlamentarische Redefreiheit und Disciplin. Berlin 1899.

Kolibri 360 GmbH
Ferdinand-Jühlke-Straße 7
99095 Erfurt, Deutschland
produktsicherheit@kolibri360.de